AF281410

FIDEDIGNUM

Libro 4.
El alba en el planeta de las cinco lunas

ʊ

Gabriel «Gabi» Losa nació en Salamanca, Castilla y León, España, a finales de los años sesenta, en el seno de una familia numerosa. Cursó sus estudios de primaria y secundaria en la ciudad que lo vio nacer, finalizándolos en Wichita, Kansas, EE.UU. Se formó como piloto de aviación en Bremen, Alemania, y en Phoenix, Arizona, EE.UU y ha dedicado los últimos 35 años de su vida a volar como piloto de líneas aéreas por medio mundo. Padre orgulloso de dos hijas, viajero incansable, máster en Psicología General Sanitaria (UDIMA) y en Educación Sexual y Asesoramiento Sexológico (UCJC), cree en el advenimiento de un mundo más amable donde el amor se convierta en la única forma de existir.

© Gabi Losa, 2025

Ilustración de portada de Kenneth Patterson

I.S.B.N. obra completa: 979-13-87862-83-1
I.S.B.N. Tomo 4: 979-13-87862-87-9
Depósito legal: AB 858-2025

Este libro
se terminó de imprimir
el 29 de septiembre de 2025,
Fiesta de los Santos Arcángeles,
Miguel, Gabriel y Rafael.
Siempre presentes.

unoeditorial.com

FIDEDIGNUM

Libro 4.
El alba en el planeta de las cinco lunas

Gabi Losa

ᴜ

Índice

A los amigos. Os siento parte de mí y me siento parte de vosotros. Que «lo incomprensible» nos siga uniendo.

Continuamos donde lo dejamos, aunque en el camino, ya nos hemos dado cuenta, la continuidad no parece ser una constante. Más bien al contrario, parece que el camino se empeña una y otra vez en sacarnos de ese estado que llamamos «nuestra zona de confort» y nos mete en situaciones que nunca antes hubiéramos imaginado. Cuando uno menos se lo espera, el camino nos pone delante algo totalmente inesperado. Vamos de sorpresa en sorpresa, no hay lugar para la certidumbre. El único patrón que se repite es el de que nada sucede como uno se lo imagina. Jamás salen las cosas como uno espera. Uno cree que eso puede ser debido a que el que organiza y planifica las cosas es el yo; pero el camino, según nuestra experiencia, tiene poco o nada que ver con el yo, y por eso resulta todo siempre tan desconcertante, tan confuso.

Nos empeñamos en recorrer el camino instalados en el yo, utilizando al yo como nuestra brújula, nuestro navegador, nuestro guía, pero el camino no obedece ni se rige en absoluto por las leyes del yo ni por ninguna ley que entienda el yo. El camino tiene sus propias reglas y sus propias leyes, las cuales son incomprensibles para el yo. Por eso decimos que el camino se recorre no entendiendo, que es parte del contenido de este nuevo libro. Vamos a ver casos de no entender absolutamente nada. Vamos a ver que no entender nada es la única comprensión que podemos llegar a adquirir. Vamos a ver.

1. Oscuridad

La mente del yo habita en la oscuridad.

La mente del yo va provista de una linterna que va buscando algo mínimamente reconocible en la cueva en la que habita. Mantener encendida la linterna consume grandes cantidades de energía. En apariencia, la paz llega cuando la mente del yo se queda sentada en la cueva, en silencio, y permite que los sentidos se acomoden a la falta de luz. En ese momento de verdadera calma, la vista se agudiza y los demás sentidos se vuelven más sensibles.

Permaneciendo en silencio en la oscuridad de la cueva —que es la mente del yo—, por lo general, la cueva se disipa y se convierte en luz.

Conciencia.

Luz y oscuridad

La mente del yo cree que no existe una lucha entre la luz y la oscuridad, porque la luz es y la oscuridad solo es la idea de que no existe la luz.

La oscuridad sería una creación del ego que, en verdad, no existe. Sería una idea del ego e, incluso, el estado natural del ego.

La luz es verdad. En el problema está la solución. No estamos diciendo que la solución sea un problema. Estamos diciendo justo lo contrario, que el propio problema siempre acaba siendo la solución.

Desde la mente del yo nos damos cuenta de que actuar sobre el problema generalmente implica aceptación, rechazo, prejuicios o evitación, que son pensamientos que nos alejan de lo que es y, por tanto, contribuyen al mantenimiento del problema.

El hecho de permanecer en el problema, sin juzgarlo, sin aceptarlo ni rechazarlo, hasta su total compresión, suele ser la resolución del problema. Podemos probar a dejar que el problema nos rodee, a empaparnos de él, a observarlo con detenimiento, a no huir de él, a permanecer en él, a observar la reacción de la mente del yo, su respuesta, el pensamiento que surge en ella, simplemente porque eso parece ser lo que de verdad somos: conciencia.

En este momento, uno ama cada problema que cree que tiene porque le permite verse como es, darse cuenta de las cadenas que lo atan. Hay otros momentos donde uno odia sus problemas, esa es la verdad.

La evitación del problema suele llevarnos a estar sometidos por las ideas que la mente del yo está elaborando sobre el problema, aunque estemos manteniendo una supuesta distancia. El problema y el dolor indican dónde está el problema en nosotros.

Podemos probar a permanecer en el dolor, a empaparnos bien de él hasta que lo comprendamos, porque la comprensión del dolor es la comprensión de nosotros mismos. A veces, ya lo hemos dicho, el dolor es incapacitante. En esos momentos, tampoco hay que volverse locos. Lo mejor en esos casos es intentar respirar, pedir ayuda y recordar que no estamos solos.

El dolor es el espejo donde uno se ve como es. Conciencia.

Realizaciones

Cuando la mente reconoce la oscuridad que habita en ella, inmediatamente aparece el perdón hacia sí misma. Es más iluminador reconocer la oscuridad que aspirar a convertirse en un ser de luz.

Lo que vemos y experimentamos es el negativo. Lo que no vemos ni experimentamos, la energía oscura, es el positivo. Cuando conectamos con lo que no es la luz es porque en ese momento no somos luz. Conciencia.

La luz, como la del sol, es beneficiosa a la distancia adecuada. Si la luz ilumina la noche, la noche abraza la luz.

Nos arrastramos por el mundo soportando como malamente podemos la pesada losa del yo que llevamos a cuestas. ¿Dónde está la piedad, dónde la misericordia? En el yo nunca la vamos a encontrar. Y en lo más profundo de la noche más oscura surge una luz diminuta de esperanza, un hada del bosque que, con un único destello de luz, disipa la oscuridad hasta que esta desaparece por completo.

Oscuridad y luz se alternan en la mente del yo. La mente, como testigo del baile entre la luz y la oscuridad, sin tomar parte, seguramente porque no puede, quizá porque es ambas y es ninguna. En la luz hay claridad, en la oscuridad hay verdad.

2. La muerte

Hasta que la muerte nos una.

La muerte siempre nos produce ese «no sé qué» que nunca resulta agradable. La mente del yo se lleva fatal con la idea de la muerte. Su simple nombre le produce todo tipo de rechazo. La mente del yo vive de espaldas al hecho cierto de la muerte. No soy experto en budismo ni pretendo serlo. Sin embargo, he tenido la oportunidad de vivir algunas experiencias con monjes budistas y siempre he quedado profundamente impresionado por su sabiduría. También he leído algunos libros sobre budismo y una de las cosas que más me ha llamado la atención es que, ya desde los primeros capítulos, por no decir el primero, los budistas te ponen delante el hecho de la muerte. Te dicen algo así como «mira, la muerte, aquí la tienes, te vas a morir, afróntalo. ¿Qué vas a hacer ahora que ves que tienes la muerte ahí delante, quieras o no?».

Puede resultar duro para nuestros estándares occidentales, pero no cabe duda de que la muerte nos va a llegar a todos antes o después. En ese momento, todos vamos a pasar inevitablemente por el mismo tramo del camino. Evitarla mentalmente, posponerla en nuestros pensamientos, no va a evitar que se produzca; conviene ahora recordar, una vez más, las palabras de Jung: «Lo que niegas, te somete; lo que aceptas, te transforma».

Hay otras formas de mirar, sin duda, no solo inmersos en el budismo o el zen, también en el pensamiento y el arte occidental hay visiones de la muerte que se alejan de la idea de que la muerte del ego sea por fuerza un fin aterrador en un trayecto cerrado de vida, crecimiento, muerte y fin de todo. La mística también se sobrepone a esa visión, como ya vimos en otro momento y como planea sobre estas páginas también. Ya hemos advertido en otros lugares que esto no es un tratado ni un manual de nada, así que queden para los expertos profundizaciones mayores o ejemplos de mayor enjundia. Como también dijimos ya, nuestras fuentes de inspiración son variadas, no se limitan a los textos escritos, e incluyen la música, cualquier forma de arte audiovisual... Me permito citar un pequeño pasaje de una celebrada serie de los noventa.[1] Uno de los personajes principales, ante la tumba de un oso que casi lo mata años atrás, pero al que, al tiempo, admiraba, afirma: «Bien, ya está. Fuiste un oso. Fuiste un oso enorme y magnífico. Ya eres libre otra vez. Buena suerte, Jesse». Fundirse en el Todo, polvo de estrellas, retorno al origen...

---

1 *Doctor en Alaska* (título original: *Northern Exposure*) es una serie televisiva que se emitió entre 1990 y 1995. La escena está en el episodio 19 de la temporada 3.

A continuación, algunas realizaciones sobre la muerte.

Si no aceptamos la muerte como algo natural, no podremos vivir con naturalidad.

Si vemos la muerte como un peligro, nada más nacer estaremos en riesgo.

No podemos vivir mirando a la muerte de reojo, porque entonces nos perdemos la vida.

Suprimir libertades para salvar vidas va en contra de la libertad.

La libertad de decidir cómo queremos vivir puede llegar a poner en riesgo la vida.

La mente del yo no acepta que otra mente le quite la decisión de moverse libremente, y menos aún que lo hagan para salvarle la vida.

Todo recorte de libertades está impulsado por la falta de comprensión, por el miedo.

La ignorancia se expande a través del miedo y de la mentira.

Gran parte de la sociedad tiene miedo a vivir y a morir.

La mente, en ocasiones, no tiene miedo de nada, y mucho menos de morirse.

La mente entiende y acepta que desde el momento que nació va a acabar muriendo. Ese es el camino.

La mente prefiere morir que vivir sin libertad.

Como dijo el poeta, si hemos de morir, que sea bailando con la vida.

¿Cómo puede uno morir si nunca llegó a nacer?

Desde que uno nace está en caída libre hacia ese estado al que llamamos «muerte». Y va agarrándose a todo lo que encuentra en su camino intentando evitar la caída: padres, familia, amigos, parejas, trabajos, *hobbies*, distracciones, medicinas, creencias, religiones. Pero nada puede detener la caída, es inevitable, es un proceso natural que trasciende nuestra comprensión. Solo podemos estar atentos a lo que ocurre mientras caemos, ser conciencia del proceso.

No hay un «después», hay un «a la vez».

No hay vida después de la muerte, hay vida y a la vez hay muerte.

El camino nunca es lineal. Aparentemente, el camino transcurre para todos a través de la muerte también. O quizá no. Es parte del misterio del camino y, por más que se empeñe la mente del yo en intentar desentrañar los secretos que parecen esconderse en la muerte, no va a conseguirlo. La muerte, no entendiendo.

3. Búsqueda

Uno busca aquello que ya conoce. Por eso, lo desconocido no puede ser buscado. Sin embargo, lo desconocido se encuentra en uno sin necesidad de buscarlo.

No se trata de renunciar, se trata de comprender y, después, abrazar. Y después soltar y recordar que el camino es no entendiendo.

Uno aún espera ser encontrado, porque aún se encuentra perdido. La infancia dejó su huella. El pozo era oscuro, profundo y frío. Uno aún no es consciente de que es todo lo que necesita ser, todavía no es consciente de que ya ha llegado al interior de sí, de que no hay nada fuera de uno y que únicamente es uno el que se busca a sí mismo. Aún no se ha encontrado, pero está cada vez más cerca. Cuando se encuentre, comenzará otro tramo del camino, el camino que transcurre por uno.

Conciencia.

El camino nunca es lineal.

¿Nos transformamos o envejecemos?

El ego, el no-ego y la razón.

La mente del yo olfatea atentamente el peligro como lo hace un perro en busca de pistas, el rastro de su presa. Así es imposible estar en paz.

¿Buscamos la paz?

Uno ha sentido cómo la suave brisa movía el flequillo del pelo y este acariciaba la frente con dulzura, y durante un instante no le ha preocupado si tenía el pelo limpio o sucio ni si estaba peinado o despeinado. Ha sentido la caricia del sol en el rostro y durante un instante no ha oído el ruido de los coches ni ha visto la basura tirada por las aceras.

Eso es estar en paz. Así se sentía Al al quitarse la escafandra.

La paz se hace presente en esos instantes en los que no tenemos miedo ni deseos.

Cuando la mente del yo escucha lo que acabamos de decir, enseguida interpreta que para estar en paz no hay que tener miedo ni desear nada. Esta es la primera reacción de la mente del yo. La mente del yo dice «ya he entendido» y se pone a elaborar, porque quiere estar en paz. Pero ese es, curiosamente, el primer obstáculo para estar en paz. Como la mente del yo desea estar en paz y tiene miedo de no estarlo, nunca puede alcanzar la paz, por mucho que renuncie al deseo, se entrene para combatir el miedo o tire de fuerza de voluntad.

La paz se hace presente cuando la mente del yo está en paz, espontáneamente, y no hay nada que uno pueda hacer o dejar de hacer para que eso ocurra. Las drogas inducen estados que la mente del yo asimila al estado de paz, pero no son estados de una mente en paz, son estados de una mente drogada.

Una vez pasen los efectos de las drogas, la mente del yo volverá al estadio anterior.

No existen el bien ni el mal, solo existen diferentes grados de conciencia.

Cuando uno busca la paz, se aleja de la paz.

Si hay búsqueda, no hay paz.

Lo contrario a la paz es la búsqueda.

La actividad febril de la mente del yo

Es la mente del yo, con sus juicios y sus prejuicios, la que genera casi todos los conflictos, el dolor, el sufrimiento, la agonía. Nos saca una vez tras otra del momento presente mediante el juicio, la preocupación, la culpa, el recuerdo, la anticipación.

La mente del yo nunca está presente, siempre está en otro lugar, en otro tiempo, en otra actividad, buscando algo, en continuo conflicto. Cree firmemente que estar en silencio, conectada con el presente, es una auténtica pérdida de tiempo, cree firmemente que no hay ningún provecho en prestar atención plena a lo que ocurre aquí y ahora.

Para la mente del yo es importante planificar el futuro, pensar en los problemas hasta resolverlos, recordar el pasado para no olvidarlo, organizarse. Es una fanática de la planificación, de la organización, del recordar para aprender, de mejorar, de crecer, de la productividad, de aprovechar cada segundo y cada oportunidad, de no parar, de no descansar, de avanzar, de no retroceder, de acaparar ya sean cosas, experiencias o recuerdos.

Uno observa la actividad febril y agotadora de la mente del yo.

Respirar. Pedir ayuda. No estamos solos. Conciencia.

El ego consume energía

El ego, lo dijimos, es como una aplicación del teléfono que consume mucha batería. A veces está en primer plano y otras veces en segundo plano, pero siempre está activo consumiendo energía.

Para recargar la batería habría que apagar el ego.

En ocasiones, uno pone una canción que le encanta, se decide a bailar, solo, en el lugar que llama «casa», intenta fusionarse con la música, fluir..., pero enseguida surge un recuerdo en la mente del yo, un pensamiento, un juicio, algo. Entonces la mente del yo se da cuenta de que no puede desengancharse del ego, del recuerdo, del pensamiento ni por un segundo. Ni en un acto tan sencillo, como bailar al ritmo de la música, se puede desconectar del ego. Todo lo interpreta, lo traduce, lo convierte, lo moldea, lo coloca en «su» sitio.

¡Cuánto gasto energético en querer ser mejores que los demás, en querer sobresalir, en querer ser especiales, en querer ser importantes, en querer ser alguien! ¡Cuánto orgullo y qué poca humildad! ¡Qué cansancio querer ser especial! Pero ¿qué necesidad real hay de sentirse especial? ¿Para qué tanto esfuerzo en sentirse superior, o mejor, o más? ¿Para qué competir con los demás, para qué compararse con los demás, para qué querer sobresalir? *Vanitas vanitatis...*

¡Cuánto orgullo! ¡Qué poco amor propio! ¡Cuánta vanidad, cuánto narcisismo! ¡Cómo se enrosca el narcisismo en la esencia! ¡Cómo la envuelve, la mancha y la oscurece! ¡Cuánto sufrimiento y padecimiento, propio y ajeno, a causa del orgullo! ¡Qué difícil dejar de ser orgulloso cuando se tiene tanto miedo de ser normal! Compasión.

Respirar. Pedir ayuda. No estamos solos.

Uno no es. Uno no es mejor que nadie, no es superior, ni más listo ni más guapo ni más nada. Tan solo es afortunado, tremendamente afortunado; es conciencia de agradecimiento. El universo nos está dando muchísimo y, aun así, no acabamos de sentir gratitud. La mente cree que no nos merecemos tanto. No es falsa modestia. Es posible que sea verdad, aunque el orgullo y el ego no puedan verlo. Pero al menos podemos probar a decírnoslo, porque el orgullo es implacable, pegajoso, asfixiante y no olvida tan fácilmente.

Vemos, comparamos, juzgamos, nos comparamos y volvemos a juzgar. ¿No es agotador?

Mente agitada, mente agotada.

Mirar sin buscar, mirar sin juzgar, eso es estar en paz.

Mirar sin comparar equivale a estar en paz. No nos cansamos de repetirlo.

Somos paz, pero no lo sabemos

Somos paz cuando dejamos de ser el que mira para convertirnos en mirada.

Deja de ser el que escucha el murmullo del arroyo para convertirte en el murmullo.

La búsqueda genera ansiedad.

Quien busca la paz, se está alejando de ella.

La paz no se busca.

La paz nos encuentra.

La paz está en nosotros.

Somos paz.

Cuanto más deprisa corremos en pos de la paz, más deprisa nos alejamos de ella.

La paz está justo donde estamos ahora.

Respirar. Conciencia.

No tenemos que hacer nada para alcanzarla, no tenemos que ir a ningún sitio para encontrarla.

Simplemente, quedarnos donde estamos, aquí y ahora, y la paz se hará presente ante nuestros ojos.

Y sabremos que estamos en paz porque nos invadirá una inmensa alegría, las lágrimas de felicidad inundarán los ojos y notaremos la falta de preocupaciones y la desaparición de todos los miedos. Estaremos en paz. Somos paz.

Porque estar en paz es no querer estar en otra parte, es no desear que las cosas sean diferentes a como son.

La paz es pasiva, no activa.

Meditar activamente para alcanzar la paz te aleja de la paz.

Desear estar en paz te aleja de la paz.

La paz se alcanza cuando no hacemos nada por alcanzarla.

Todo lo que está ocurriendo en este instante es completamente nuevo, es la vida brotando por primera vez y, sin embargo, el yo lo percibe como algo viejo, repetido, conocido, usado, sabido, explorado, vivido, sufrido o disfrutado, pero, en cualquier caso, pasado. Este instante es interpretado por el yo como un momento conocido, sin ningún interés, aburrido, repetitivo, desmotivador, poco o nada atractivo, plano, incluso perdido. Por esa razón, el yo se desconecta del momento presente y se marcha en busca de aventuras al futuro o al pasado, a los recuerdos y las ideas de momentos más interesantes.

El yo se aburre en el presente y huye a tiempos más entretenidos. «No juzguéis y no seréis juzgados» (Lucas 6 36-38).

El camino es el que es.

Respirar. Pedir ayuda. No estamos solos.

Es el ego el que quiere evolucionar

El camino parece ser nuestra creación. No es únicamente que atraigamos lo que somos, es también que lo que atraemos somos también nosotros.

No hay evolución, hay transformación.

Querer ayudar a los demás es intentar que el mundo se parezca cada vez más a como a la mente del yo le gustaría.

Pedir ayuda forma parte del camino. Querer ayudar a los demás es un acto de arrogancia. Ayudar a los que lo necesitan es el camino.

Uno solo tampoco puede ayudarse a uno mismo. Podemos pedir ayuda, comprendernos a nosotros mismos, observarnos.

Cualquier intento de mejora o de evolución o de simple transformación es un acto del ego. La transformación del camino se realiza sin esfuerzo.

Aceptar lo que es supone juzgar lo que es y claudicar ante ello. Aceptar y rechazar son actos del ego. La transformación es como es, y cualquier intento de modificar su velocidad es fútil.

Querer dejar algo para la posteridad, ya sea un libro, unos hijos, una herencia o lo que sea, es un acto del deseo de permanencia del ego. Libros, hijos o herencias son parte del camino que otros recorrerán, y no algo que les dejamos intencionadamente. Son algo que formará parte de su camino —o no— cuando toque.

En el camino uno escribe, publica, tiene hijos, se muere. No hay intención, es el camino, incomprensible, sin propósito.

Trascender el ego supone no querer dejar nada que recuerde al ego en vida y comprender que tras la muerte seguramente va a haber una desidentificación total con la existencia previa. Trascender significa desaparecer como ego para siempre.

Intuimos que un ser trascendido no querría nunca ser recordado como un ser individual ni querría tener un efecto en los demás egos tras su muerte.

Sentirse responsable de los demás es un acto del ego.

Querer dejar un mundo mejor es un acto del ego.

Sin embargo, la existencia facilita una vida de amor en el entorno en el que tiene lugar. No es necesario querer ser bueno ni querer hacer el bien.

El camino nos hace como somos y se transforma con nosotros. El camino da y el camino quita.

La ansiedad es la expectativa de un resultado.

Respirar. Pedir ayuda. No estamos solos.

Otra teoría absurda

De todas las teorías absurdas que se le ocurren a la mente del yo sobre el significado de la vida, una de ellas es que esta vida es una simulación, que no es real, que es un entrenamiento para una vida real, para afrontar esa vida real donde habrá personas, o los seres que sean, y cosas reales. Para que cuando nazcas en esa vida no causes daño a nada ni a nadie. Es un entrenamiento en un mundo simulado para aprender a ser puro de corazón. El universo, sencillamente, no podría permitirse todo el daño que ocurre en esta vida o simulacro de vida.

Acto seguido, la propia mente del yo se da cuenta de que este comentario está lleno de juicios y recuerda que, si bien somos conscientes de la existencia desde el centro del yo, seguramente también somos conciencia desde el no-yo.

Tirando del hilo I. agitación y pereza mental

La mente del yo es perezosa y cuando no ve ningún peligro inminente intenta desconectar de la realidad. Debido a su pereza, no quiere estar consciente todo el tiempo y, para desconectar, se pone a ver una serie, a dormir, a soñar despierta. Es perezosa y neurótica, alterna periodos de angustia y de agitación con otros de desconexión e inactividad.

La mente del yo no está en el presente. Divaga, imagina, recuerda, se va hacia el pasado y luego hacia el futuro, huye del presente. No quiere estar nunca en el presente, no le gusta el presente, lo evita.

Es como si la mente del yo evitara el hecho de estar viva, esquivase la vida. Le cuesta muchísimo estar presente, no quiere ser consciente.

La mente del yo prefiere imaginar que sentir.

La mente del yo no está cómoda en el presente.

La mente del yo siempre está huyendo de algo o buscando algo.

La mente del yo no para quieta ni un segundo.

La mente del yo no medita.

La mente del yo percibe, traduce, opina y reacciona.

Aunque le cueste admitirlo, la mente del yo juzga y, a continuación, desea o rechaza.

Y ahí sigue una y otra vez, como la rueda budista: le gusta algo y quiere poseerlo.

No es capaz de observar sin más su belleza sin desear poseerlo.

Nihil stop eres: nada se detiene.[2]

Alas a ros eres: alas de rocío.

Respirar. Pedir ayuda. No estamos solos.

El vacío es paz

La mente del yo cree que el salto al vacío es el salto al vacío interior, que permanecer en el vacío interior es estar en paz, que huir de la soledad y del vacío es huir de uno. Ya lo hemos dicho.

Cuando estemos en el barro, hagamos alfarería.

Nada se detiene, solo el vacío permanece inmóvil, eterno, en paz.

Donde hay deseo, no cabe la paz

Uno no es el ego, el ego es la idea de «yo».

Uno es lo que es, y es así como tiene que ser.

---

2   Esta frase, al igual que la siguiente, que comprendo que pueden parecer (y son, de hecho) un batiburrillo de lenguas, resonaron en mi mente, en plena meditación, con total claridad y percibí en ellas, respectivamente, el sentido-traducción que reflejo arriba. No renuncio a dejarlas aquí transcritas, pese a su aparente falta de lógica. Quién sabe si a algún otro lector le puedan retumbar, conducir, inspirar también de alguna manera.

El ego es la idea de la mente de quien soy o de lo que soy y de lo que debería ser o de quien debería ser. El problema es el ego, la idea de quién soy.

Estando en soledad, la mente encuentra momentos de verdadera inspiración, de una cierta iluminación y de paz.

Estando en relación con otras mentes, asume e interpreta el personaje humano, se comporta, habla y piensa como un zombi más; el personaje se apodera de ella y ella es el personaje.

Estando en relación con los demás, no se siente en absoluto inspirada, iluminada ni en paz, excepto cuando de verdad conecta con otras mentes, abandona el personaje y se comunica desde la esencia verdadera.

La mente del yo piensa que le gustaría poder ser uno, sin el personaje, estando en relación con los demás, pero quizá ese deseo pertenece más al ego, que quiere ser reconocido por los demás como alguien valioso, como un ser especial e iluminado, o ser amado, que por otros motivos verdaderamente espirituales.

Desear nos saca de la paz: desear llegar, salir, estar, tocar, abrazar, besar, divertirse, descansar, desear ser diferente, ir al cielo, convertirse en un buda, ser feliz, desear que termine la hipoteca, ascender en el trabajo, cobrar más, tener más o tener menos, desear no desear. Desear nos saca del momento presente y nos transporta al pasado o al futuro. No nos cansamos de repetirlo.

El deseo agita la mente del yo. Cuando permanece al lado de alguien a quien desea, se encuentra agitada. Cuando se separa de esa persona, está agitada. Cuando piensa en esa persona, está agitada. La agitación procede del deseo hacia esa imagen: deseo de estar con ella, deseo de besarla, de abrazarla, de llevarse bien, de pasar tiempo juntos, de volver a verse, de escribirse. Ese anhelo alimenta el pensamiento. La mente se llena de pensamientos, de ideas sobre ella y sobre la relación con ella. Pensar en ella ocupa buena parte de todo el pensamiento, se superpone a cualquier otro y desconecta de lo que es, se desacopla del presente, y cuanto más lo hace, más agitación siente, hasta que llega un momento en el que está inquieta y ya no sabe por qué, ya olvidó que lo que dio origen a la intranquilidad fue el deseo de estar con ella, de estar bien, porque estando solo no estaba bien, o eso pensaba.

Respirar. Pedir ayuda. No estamos solos.

Estado de paz

El principal anhelo de uno en este momento es llegar a quererse, llegar a amarse. Para ello, uno no necesita ser mejor ni diferente, solo necesita amarse ahora tal y como es ahora.

El camino es constante novedad, creación continua, por eso, cualquier idea que tuviéramos del camino ya está desactualizada, ya no es real, ya no describe al camino. No nos cansamos de repetirlo.

Hay lugares y hay estados.

La paz es un estado, no un lugar.

El camino y, por tanto, el hombre, puesto que el hombre forma parte del camino y el camino forma parte del hombre, no puede ser comprendido, no puede ser explicado y cualquier esfuerzo intelectual en comprenderlo es un esfuerzo en vano.

El camino y, por tanto, el hombre, solo puede ser vivido, experimentado, saboreado, y para ello ayuda tener una actitud abierta a toda experiencia, desprovista de todo miedo y llena de amor y de compasión.

Toda pregunta busca satisfacer un estado emocional de desasosiego.

Un estado de paz es un estado donde no surgen preguntas.

Cuando el yo toma el control, como en este momento, la mente del yo no es capaz de sentir gratitud, felicidad ni paz.

Respirar. Pedir ayuda. No estamos solos.

Y la mente del yo sigue deseando algo diferente a lo que ya cree que tiene. Sigue deseando ser diferente, llevar una vida distinta, sigue deseando pensar de forma diferente, que este mundo sea de otra forma. Y, entre tanto deseo, se le escapa la paz. Mientras persigue los deseos, deja atrás la paz.

El camino es el que es. No entendiendo.

Tirando del hilo II. La paz es silencio, la mente del yo es proyección

En el silencio tampoco hay diálogo interno.

En la observación pura tampoco hay diálogo interno.

La mente del yo nota que el ego está rabioso, buscando cosas a las que agarrarse, ideas con las que identificarse. No es capaz de permanecer en silencio. La voz del ego le habla constantemente, invadiendo el silencio. Busca esa agitación. Es ella la que se saca a sí misma de la paz en busca de distracción.

La mente del yo quiere seguir como hasta ahora, aferrada a las ideas, a los deseos, a las cosas. Ella es la que busca y rebusca y no para de buscar.

Existe la paz, pero la mente del yo la ignora y la evita. No quiere estar en paz y busca todo tipo de artimañas para no estarlo. Al contrario, es la que crea este estado continuo de intranquilidad y de desasosiego.

Este mundo que parece un mundo de locos es el reflejo de la mente del yo. Es ella la que se proyecta a sí misma en la realidad que percibe. Toda la confusión, todo el conflicto, todo el desasosiego, toda la intranquilidad, toda la ira y todo el sufrimiento son producidos y generados única y exclusivamente por la mente del yo. Y, además, son generados a propósito.

La mente del yo es perfectamente consciente de que está generando toda esta confusión. Conciencia. Y toda esta confusión, toda esta búsqueda, es la manera que tiene de sentirse viva. Es su forma de vivir.

La mente del yo asocia la paz con la muerte, y por eso la evita. Vincula la paz con el fin, y por eso la teme y la evita. No se va a permitir, nunca, estar en paz. Su objetivo es evitar la paz y, por tanto, la muerte.

El deseo es la cárcel de la esencia.

La mente del yo evita activamente caer en el vacío y busca constantemente la activación; incluso en sueños sigue activa.

Ayudaría volver a leer y analizar, desde otro punto de vista, el cuento de la cigarra y la hormiga.

Los demás y el mundo, en general, son una pantalla en la que la mente del yo refleja sus ilusiones. La mente del yo no ve, proyecta sus miedos, sus deseos, sus anhelos y sus frustraciones en los demás. No vemos a los demás como son, sino como los imaginamos. Interpretamos todo lo que los demás hacen o dicen en función de la mente del yo. No nos cansamos de repetirlo.

Si hay dolor, hay ego.
Si hay preocupación, hay ego.
Si hay miedo, hay ego.
Si hay malestar, hay ego.
Si hay pensamiento, hay ego.
Si hay orgullo, hay ego.
Si hay tristeza, hay ego.

Si hay confusión, hay ego.

¿Para qué hacemos lo que hacemos como lo hacemos? Depende de a quién le preguntemos: al ego o al no-ego. ¿Para vivir la vida en paz? ¿La paz es el objetivo de la mente del yo, es el «para qué»? ¿Buscamos tener una mente en paz, aun a sabiendas de que en la búsqueda está la ausencia de la paz?

Comprensión y respeto. En su día, la mente lo tuvo claro.

Humildad y sencillez. Ahora la mente lo tiene claro.

Respirar. Pedir ayuda. No estamos solos.

Presión sobre uno mismo

Qué presión siente la mente del yo al tener que saberlo todo. Qué presión siente al no poder dudar, al identificar la duda con debilidad, la humildad con debilidad, la debilidad con valer menos. Qué presión siente al asociar valer menos con no amarse.

Qué presión siente la mente del yo en el corazón al no amarse. Qué presión siente.

Qué falta de humildad y de sencillez.

La falta de sencillez se origina en el hecho de querer conseguir la admiración y el respeto de los demás, en el hecho de querer conseguir la admiración de uno mismo.

«Quiero que todos me admiren», decía el niño.

Una mente madura no busca ni necesita ni se identifica con la admiración propia ni ajena.

Los grandes maestros de la mente han sido aquellos que más lo han señalado, los que han desvelado el yo. A todos ellos, gratitud y bendiciones. ¡Qué alegría produce encontrarse con personas sencillas, humildes! Bendiciones.

La vida es como un viaje en un rompehielos.

Toda pregunta es una confesión y todo reproche es una súplica.

La mente del yo busca perpetuarse, distraerse, busca placer, amor, felicidad, seguridad, gloria, trascender, iluminación, paz. Y cuanto más busca, más se aleja de todo lo que busca, más tensa y menos abierta está, más agitada y más confundida.

Solo existe claridad en lo que es, nunca en la interpretación que la mente del yo hace de lo que es.

Existe verdad en darse cuenta de que la mente del yo está confundida, en que está agitada, en que busca paz, seguridad y felicidad.

Reconocer ese estado inquieto de la mente del yo es ver la verdad.

Respirar. Pedir ayuda. No estamos solos.

Paz, verdad y libertad son sinónimos.

Somos conciencia.

El ego obstaculiza la ubicuidad de la conciencia total que somos.

En este momento la conciencia está atrapada en la esfera del yo.

El yo crea la esfera de lo que concibe como el mundo y se limita a sí mismo a esa esfera.

A uno le encanta estar aquí, dondequiera que sea «aquí». Eso es estar en paz.

Ver, verdad.
Ego, apego.
Pasión, compasión.
Pasado, pesado.
Sueños, dueños.

No es lo mismo estar en paz que estar a gusto. Cuando estamos en paz, es probable que también estemos a gusto, pero estar a gusto no significa que también estemos en paz. Es una sensación generada por el ego, mientras que para estar en paz no puede intervenir el ego. El que está cómodo es el ego, mientras que el que está en paz es uno cuando trasciende el ego.

La mente del yo nota cómo el dolor y la rabia interna, la mordedura del abandono, la desesperanza, el malestar general, la tristeza y la desgana se han reducido. Se identifica en menor medida con esos sentimientos. Aún hay sentimientos desagradables, pero son menos intensos de lo que fueron. Y se da cuenta de que prácticamente todo el malestar que percibe es fruto de ella misma, es generado por ella. Percibe la belleza de la vida y se siente bendecida y profundamente agradecida. Y también es consciente de la situación menos favorable de muchas otras mentes que ve y siente una profunda compasión.

La perfección del árbol no radica en su belleza ni en el fruto que da, lo cual depende únicamente de las condiciones ambientales que lo rodean. Su perfección radica en que el árbol es árbol y nada más, y ya el camino, hace lo que tenga que hacer con sus frutos, su sombra, sus ramas, su madera y su belleza o con lo que sea. Es decir, la perfección del árbol está en que crece de acuerdo con su naturaleza, sin un yo. Su utilidad es algo completamente ajeno al árbol y depende tan solo de aquello y de aquellos que se relacionen con el árbol. Podemos intentar ser, ser como el árbol, que es árbol porque esa es su naturaleza y crece según ella. Podemos intentar ser lo que somos y caminar de acuerdo con nuestra naturaleza. El camino nos ha creado como somos para que seamos como somos.

Podemos intentar no decidir cuál es nuestra utilidad e intentar no querer ser únicamente en función de lo que los demás necesiten. Podemos intentar ser, solamente ser, y el camino decidirá nuestra posible utilidad, porque la esencia es simplemente ser, no ser útil.

Por el simple hecho de ser, ya somos útiles. Así que podemos intentar quitarnos la presión de querer ser útiles, ser más útiles, de querer salvar el mundo, y simplemente ser nosotros mismos como ya somos. Intentar solamente ser, conscientes de que somos.

Respirar. Pedir ayuda. No estamos solos.

No tener deseos no significa que no nos importe nada ni que seamos un pequeño invertebrado flotando en una gota de agua. Con todo respeto por él. No tener deseos significa que no deseamos nada, pero que aun así disfrutamos de lo que ofrece el presente. No deseamos y, sin embargo, disfrutamos de una buena canción, de un buen libro o de una buena compañía.

No tener deseos tampoco significa no ser sensible. De hecho, uno se vuelve aún más sensible y es capaz de disfrutar de todo mucho más que antes, cuando la energía estaba dirigida únicamente hacia los deseos. Ahora podemos disfrutar, sentir y vivir con total plenitud porque podemos estar presentes y centrados en el momento actual, y no andar dispersos, perdidos en intentar conseguir los deseos en el futuro.

La ponzoña se describe como un veneno, una sustancia nociva para la salud. También como una maldad insidiosa que pervierte a quien la oye. Lo insidioso, como algo que contiene un engaño oculto o disimulado para perjudicar a alguien. «La araña construye su insidiosa telaraña».

El camino es el que es. No entendiendo.

4. Lo que es

Est ut est aut non est.

Es lo que es o no es en absoluto.

Recordamos: ¿quién soy?, ¿qué somos? Son preguntas del ego que tiene la necesidad de sentirse identificado con alguien o con algo. Lo que es no necesita preguntarse qué es, puesto que ya es. Solo el ego, que no es, necesita averiguar qué es, necesita identificarse con algo o con alguien.

Lo que somos en este momento es lo que somos en este momento, no es lo que fuimos ni lo que seremos. Al menos, desde el estado de conciencia del yo.

Y, a pesar de todo, a pesar del engaño del yo, lo que es, es. Aunque el yo no lo vea. Esa quizá sea la única verdad que puede llegar a ver el yo, cuya capacidad para alterar lo que es resulta nula, por mucho que se empeñe. Lo que es, es, a pesar del yo. Y sin importarle el yo.

A pesar de que el yo se basa en la identificación y la permanencia, su naturaleza es la más pura insignificancia. El yo es insignificante para lo que es. El yo no existe en lo que es.

Interferencias: la mente del yo interfiere con lo que es, y esas interferencias impiden que pueda ver lo que es.

Vivimos en un estado de permanente demencia. Vivimos en un estado permanente de demencia.

El camino es el que es, aunque no nos demos cuenta. *Non intelligens.*

A veces, tenemos la sensación de que estamos aquí para ser utilizados en un futuro, como el fruto del árbol, mientras que otras veces creemos ser la semilla de algo que aún está por florecer. Sin embargo, ya somos, aunque no comprendamos completamente qué es eso que ya somos.

Lo que es, existe, haya pensamiento o no sobre ello, mientras que el pensamiento no es, salvo que exista dicho pensamiento.

El reflejo, a pesar de su exactitud, no es la realidad.

El camino es el que es.

Amar lo que es

Cuando amamos, nos amamos.

Cuando odiamos, nos odiamos.

El dolor nos indica dónde podemos fijarnos para que deje de doler.

Los «no debería...» o «debería...» tienen su origen en el condicionamiento, en la programación. Observémoslos con atención. Conciencia.

Los pensamientos aparecen sin que nosotros los provoquemos. No reflejan la verdad.

Pensar que «nadie debería juzgar a otros» es una idea, un pensamiento fruto del condicionamiento. Pero todos juzgamos, esa es la verdad. Si en algún momento no lo hacemos, entonces esa es la verdad. Juzgar, lo hemos visto, es una actividad del ego.

Entonces, ¿qué es verdad y qué no es verdad?

No hay un camino más elevado que otro.

El camino es el que es.

Cada uno recorre el camino que es para cada uno.

No estamos solos.

El amor solo es amor cuando se ama sin condiciones.

La verdad es la que es. Conciencia.

No hay más verdad que la verdad.

Lo que vemos no es la verdad.

Vemos lo que la mente del yo proyecta.

Cuando vemos que nos odian, vemos nuestro propio odio.

Cuando vemos que nos aman, vemos nuestro propio amor.

Así pues: humildad con uno mismo y humildad con todos.

Todos hacemos lo que podemos.

Respirar. Pedir ayuda. No estamos solos.

Disculparse y rectificar nos hará bien.

Paz.

Es la verdad la que finalmente nos libera para que actuemos con lucidez y con amor. Cuesta creerlo, pero lo que ocurre es siempre lo mejor para la transformación espiritual. Nada puede ocurrir de una manera diferente.

El camino es el que es.

Podemos intentar no luchar contra lo inevitable, que puede parecer indeseable, pero es lo único que es verdad y que transforma espiritualmente.

El yo con el que nos identificamos no quiere ser descubierto, porque eso significa su muerte. El yo no acepta ninguna crítica, porque sabe que en cuanto la acepte desaparecerá, surgiendo un nuevo yo que le sustituirá de inmediato, sin tan siquiera poder llegar a despedirse.

Las críticas que recibimos nos sacan de la mentira en la que vivimos y nos permiten conectar con nosotros mismos y con los que nos critican.

Quien critica siempre tiene razón desde donde está, y está ayudando a ver la verdad. En consecuencia, el resentimiento surge de la no aceptación de la dolorosa y cierta realidad, de la falta de comprensión total.

Ya vimos que aceptar y rechazar son actos del ego.

Lo que es, es. El camino es el que es.

El resentimiento indica dónde nos estamos mintiendo a nosotros mismos. Y aquellos a quienes percibimos como nuestros enemigos son en verdad enseñanzas disfrazadas como enemigo para enseñarnos una lección que necesitamos aprender para la transformación espiritual.

El camino es incomprensible.

El enfado es el uso de la violencia contra uno mismo que, además, puede ser utilizado como violencia contra los demás. La tensión y el miedo no son indicadores de que algo o alguien nos importa. Son indicadores de la voluntad del ego.

El amor es el único indicador de que algo o alguien nos importa.

Únicamente uno puede hacerse libre a sí mismo. O no.

Únicamente uno puede esclavizarse a sí mismo.

Pedir ayuda. No estamos solos.

Ahora mismo somos felices, aunque no nos demos cuenta.

Respirar. Conciencia.

La mente boicotea constantemente la felicidad y la paz.

Si ahora no nos sentimos felices es porque la mente está boicoteándonos. Esperar a que ocurra algo o que se termine algo para ser feliz es permitir que la mente nos boicotee.

Respirar.

Gratitud por todos los yo anteriores, por todo lo que han hecho. Y despedirnos de todos ellos con amor. Ilusión ante los nuevos yo y gratitud por poder ser conciencia de su existencia.

El camino es el que es. Gratitud.

Uno está solo y es, en ocasiones, verdaderamente feliz.

Uno baila para uno.
Uno vive para uno.
Uno permanece en uno.
Uno es su propio hogar.

No estamos solos.
Non soli sumus.

La esencia es el hogar.

Bailar, llorar, sonreír, amarse y ser feliz, todo a la vez y al mismo tiempo y sentirse libre, verdaderamente, locamente libre.

Amor a lo incomprensible. Lo incomprensible ama. Conciencia. Gratitud. Este momento es único e irrepetible. Podemos intentar disfrutarlo al máximo, permitir que penetre en cada una de las células, que nos llene de gozo y reventar de felicidad.

También podemos intentar no aferrarnos a él, permitir que se marche.

Volverán otros momentos igualmente felices, aunque con sus propias y únicas características.

Cada momento es un regalo.

Respirar.

Conciencia.

Podemos intentar disfrutar de los regalos.

Gratitud.

Te lo regalamos con todo nuestro amor, porque te amamos y te queremos feliz.

Esperemos solo lo mejor.

Podemos intentar mirar al futuro con una sonrisa en la cara. Hemos sido bendecidos.

Conciencia.

Gratitud.

Para amar se necesita la esencia pura y entera. Cuando nos enamoremos, observemos si estamos entregando la esencia, porque de ser así, eso no es amor. Amar es permitir que dos esencias bailen juntas y que bailen por separado.

Siempre tenemos todo lo que necesitamos. Aunque siempre estamos buscando fuera lo que ya tenemos dentro. Solo es posible encontrar la paz en el lugar en el que estamos.

Respirar.

Conciencia.

El lugar en el que nos encontramos en este instante está bien.

El lugar al que nos dirigimos está bien. Estaremos bien en el lugar al que nos dirijamos.

Respirar.

O bien nos apegamos, o bien investigamos

Podemos intentar vivir la verdad de manera amable, compasiva y con pragmatismo.

La realidad es siempre amable. Conciencia.

Lo que queremos es lo que es.

Lo que amamos es lo que ya tenemos.

La vida nos proporciona todo lo que necesitamos a cada instante.

Conciencia.

Gratitud.

Lo incomprensible es todo.

Somos el momento.

Podemos herirnos a nosotros mismos.

Sufrimos porque nos alejamos de la verdad.

Pedir ayuda.

Non soli sumus.

Algún día la mente se fusionará con la esencia y ambas se aceptarán. O no.

Podemos intentar ser amables con nosotros mismos y con los demás.

El consejo que damos es el consejo que necesitamos recibir.

Somos la sabiduría.

Conciencia.

Gratitud.

Encontramos la libertad cuando nos descubrimos. En el camino, aprendemos a amar, a perdonar y a sentir compasión con nuestro ejemplo.

Todo lo que ocurre en este mundo ocurre por nosotros.

Conciencia.

Gratitud.

El camino es el que es.

Non intelligens.

El viaje del alma

El desgaste que produce la vida no es tanto un desgaste físico, que sin duda lo es, como un desgaste emocional. Vivir, en demasiadas ocasiones, desgasta la inocencia, debilita la ilusión. El paso del tiempo asedia a la esperanza.

Y todo es mentira y todo es verdad. Depende del plano desde el que se observe y del estado del observador, de la conciencia: conciencia del yo, conciencia del no-yo. Un observador puede apreciar desgaste, desesperanza y abatimiento, y otro observador puede percibir cómo la vida brota incesantemente llenando todo de fragancias de esperanza y de amor.

Percibimos la conciencia de lo que somos.

Nuestras visiones son solo proyecciones de la mente.

La mente, ya lo dijimos, proyecta a nuestro alrededor sus creaciones como si fuera la pantalla esférica de un planetario. No vemos lo que es, vemos lo que la mente del yo crea. No nos cansamos de repetirlo.

La existencia física es efímera y para la mente esta es la única forma de existencia que conoce y la única con la que puede relacionarse. Sin embargo, aparentemente hay una existencia no física que es eterna y con la que solo podemos relacionarnos desde la esencia.

El yo se identifica y se genera en la existencia física. Uno intuye que no es verdad la idea de que el alma eterna adopte una forma física para purificarse. Pero podría, por supuesto, estar completamente equivocado.

Esa es la limitación del yo, su falta de comprensión total. Se intuye que el alma o la esencia ya eran puras antes de materializarse, incluso es posible que no exista algo así como un alma. Quizá podríamos hablar de un estado de conciencia eterna, esencia de conciencia pura y eterna.

Ya sabemos que toda idea, toda opinión, tiene su origen en el yo.

El camino es el que es.

Non intelligens.

No entendiendo.

La mente del yo cree que el alma pura adopta esta forma física tan solo porque puede, sin ninguna intención. Adopta esta forma física y estos estados de conciencia y de vibración porque es así. Es un viaje, si se quiere, y en los viajes el viajero adopta las costumbres que existen en el lugar por el que pasa. El contacto entre el viajero y el lugar transforma a ambos, ambos cambian, se adaptan, aprenden, cogen, sueltan. El viajero quizá elija su destino, pero no puede elegir la forma en la que el viaje lo acaba transformando. Puede que el alma ni tan siquiera elija materializarse, pero lo hace, porque es lo que, así al menos parece, hacen ciertas almas, y en esa acción el alma cambia y el universo físico donde se ha materializado cambia con ella. Y, después, el alma sigue su viaje por lugares y dimensiones que no somos capaces ni tan siquiera de intuir.

El camino es el que es. Es un camino de transformación. Y posiblemente, como decimos, no exista tal cosa como un alma, más bien se trate de un estado de conciencia, en este caso conciencia a través de la mente, o quizá sea la mente la que permite tener conciencia de ese estado de conciencia más profundo. La mente del yo cree que la mente facilita una conciencia parcial y limitada de la conciencia total en la cual no habría tal cosa como almas, materia o espíritu ni nada diferenciado de lo demás.

Non intelligens.

La vida como la conocemos es entendida como el afortunado encuentro entre la conciencia y la materia. No sabemos por qué ocurre ni sabemos qué ocurrirá después, pero sí sabemos cómo es este encuentro, porque hay conciencia de él, aunque sea parcial. En apariencia, de cada mente depende hacer que este encuentro sea de una manera o de otra.

Quien no encuentre el cielo en la Tierra, que no espere encontrarlo más adelante. Eso no significa que estemos condenados a no encontrar ese supuesto cielo. Es el yo el que no alcanzará nunca ningún cielo.

La mente del yo observa la actividad frenética. No está quieta ni un instante, como ya lo vimos. Pasa de una cosa a otra. Siempre activa, siempre en guardia, siempre pensando, siempre buscando. No hay paz en la búsqueda. No nos cansamos de repetirlo.

Respirar.

Conciencia.

No hay paz en el plano de las ideas.

Observar la actividad de la mente también agota, porque no se limita a observar. Además de observar, juzga. Juzga la actividad cerebral, juzga la inquietud, juzga la disconformidad con lo que es, los conflictos, la falta de paz, la propia mente.

La mente es juzgada por la mente. Y en el juzgar no hay paz.

La mente es conciencia del ego intentando liberarse del ego.

Respirar. Pedir ayuda. No estamos solos.

El tiempo y el espacio que no son

Repetimos lo que comentamos al principio del libro 1. Ya sabemos que el camino pasa, una y otra vez, por el que aparentemente es el mismo tramo. Ya vimos que para que haya dirección y movimiento tiene que existir un punto de referencia. Ese punto es la imagen de uno mismo que crea la mente del yo. Y ese yo, esa imagen de uno mismo, genera un «desde» y un «hacia» y, por tanto, crea la idea del espacio tridimensional. Sin ese punto de referencia no existe ningún «desde» ni ningún «hacia» y, en consecuencia, desaparece la idea del espacio tridimensional. Así pues, el espacio es tan solo la interpretación de la mente del yo de lo que es, y no lo que es.

Lo mismo ocurre con el tiempo. La mente crea un punto de referencia, al que llamamos el «yo», y con relación a ese punto de referencia crea la idea del tiempo. Así, el tiempo y el espacio solo existen mientras exista un yo que los cree.

Sin la existencia del yo, tampoco existen ni el tiempo ni el espacio, que son productos de la mente del yo, no son lo que es. La manera de pensar de la mente del yo crea la sensación real de la existencia de un tiempo que avanza hacia delante y de un espacio que está desplegado alrededor de uno.

La mente del yo puede modificar, e incluso hacer desaparecer al ser, el tiempo y el espacio, que son sus creaciones, imágenes suyas, y no hechos reales. Al percibir el tiempo y el espacio, la mente del yo se está percibiendo a sí misma.

El camino es circular, sinuoso, impredecible, y nunca es lineal.

Juzgar no es lo que es

Mientras uno siga juzgando a los otros y juzgándose a sí mismo, seguirá experimentando el yo. El yo es el que juzga. No nos cansamos de repetirlo.

Juzgar es una actividad del yo.

El juicio es la imagen del yo.

Juzgar es no ver.

El que ve no juzga.

El yo interpreta lo que es.

El yo interpreta lo que es desde lo que cree conocer.

El yo construye una explicación de lo que es en función de lo que es el yo.

El yo solo se ve a sí mismo.

Nos vemos únicamente a nosotros.

El camino es el que es. Pasa una y otra vez por los mismos tramos.

Non intelligens.

El conflicto es el yo

La mente del yo nota cómo intenta empujar el presente fuera de sí misma, cómo se esfuerza para que lo que está ocurriendo en este instante pase rápido, termine y deje espacio para otra cosa. Percibe cómo se aleja todo el rato de donde está, cómo intenta que termine lo que está ocurriendo, cómo desea y se esfuerza en que acabe. Nota cómo no desea permanecer en el aquí y el ahora. Se da cuenta de los esfuerzos sutiles, pero constantes, para que acabe todo esto ya, nota la falta de paz, la intranquilidad, la tensión, la fuerza que tira de ella. Es una fuerza que le arrastra hacia delante, una fuerza creada por ella para ir a otra parte, estar en otra parte. Es una fuerza que la empuja, no solo tira, hacia otro lugar. La mente del yo está leyendo, pero algo le impide estar simplemente leyendo. La actividad mental funciona en paralelo con la actividad física, la mente del yo interactúa con el mundo que reconoce como físico, pero tiene su propio ritmo y su propio movimiento. El mundo físico puede estar aparentemente quieto y tranquilo, pero la mente del yo está en un estado de tensión constante, de alerta, en guardia. La mente del yo está buscando siempre.

Es la búsqueda la que produce la falta de paz. La mente del yo busca y rebusca. Busca respuestas que le den tranquilidad y seguridad.

No es paz, no se percibe como paz. Nota fuerzas opuestas tirando de ella.

Mientras el yo exista, existirán esas fuerzas que tiran de ella. Solo cuando el yo no exista dejarán de existir esas fuerzas que tiran. Esas fuerzas que tiran son también yo. El yo son las fuerzas que tiran de la mente del yo. Sin el yo no hay de quien tirar ni fuerzas que tiren. El yo crea las fuerzas que tiran de la mente del yo. El yo genera la tensión que sufre. No existe un yo en calma. Si hay yo, no puede haber calma. La calma es la ausencia de yo.

El yo está en permanente conflicto con lo que es. Es el conflicto. No hay conflicto sin el yo. En este instante, la mente percibe el yo, el conflicto, la no paz, la no calma. La mente del yo es consciente de la falta de paz, del yo, del conflicto. Observa el yo, el conflicto que también es el yo. La mente del yo no acepta el conflicto y esa no aceptación le genera aún más conflicto. Juzga la falta de paz, y ese juzgar le genera aún más conflicto.

Respirar. Pedir ayuda. *Non soli sumus*.

Delirar (salir del surco) es vivir.

Uno es lo que es y no sabe lo que podría ser que no es.

La mente del yo quiere que sea lo que quiere que sea, y eso entra en conflicto directo con lo que es.

Lo que es, es, y lo que fue, fue y ya no es.

Lo que la mente del yo quiere no siempre existe. Por eso es tan importante darse cuenta de lo que es y de lo que no es ni será.

Comprensión. Ni es ni será.

A pesar de las ganas enormes que tiene la mente del yo de sentirse amada es consciente de que no es amada por quien le gustaría sentirse amada. Deseo y realidad.

El mundo como lo percibe la mente del yo ha sido ya transformado por la mente egoica. Desde el yo uno solo puede vivir en el mundo que ha creado el yo.

En esta sociedad el anormal es uno.

El camino es el que es.

Non intelligens.

Somos lo que es

La mente del yo desconoce si tiene algún mensaje para los demás, ignora si la vida que percibe es un mensaje para los demás, y si hay algún mensaje para ella o para los demás no va a poder comprenderlo mientras no se comprenda a sí misma.

La comprensión de sí misma le permite la comprensión de lo que es y eso le permite entenderse a sí misma, porque lo que es y lo que somos es lo mismo.

Somos lo que es y lo que es somos.

No hay distinción entre el yo y lo que es, aunque el yo crea que sí. La identificación con el yo aleja a la mente del yo de ver lo que es, lo que somos.

Lo que es y lo que somos es la misma cosa. Solo somos lo que es. No somos lo que nos gustaría ser, ni lo que debería ser, ni lo que creemos que somos, ni lo que los demás creen que somos, ni lo que quieren que seamos. Somos lo que es. O ni tan siquiera eso.

Conciencia.

No entendiendo.

Huir de lo que es

El cambio, como sabemos, recorre una y otra vez los mismos tramos. Ya lo hemos visto. Lo repetimos. El cansancio, el agotamiento, surgen del hecho de querer no estar en el presente, de querer huir a otra parte, de no comprender lo que es, de esforzarnos en estar en otra parte imaginada, de salir de la realidad y viajar a la fantasía.

Si queremos sentirnos descansados y en paz, simplemente podemos intentar conectar con el presente. Darnos cuenta de cómo, cuando la mente del yo funciona, la paz desaparece.

Seguimos siendo tan incomprensibles como lo es Dios. Sin embargo, somos, aunque no alcancemos a comprender lo que somos.

El camino es y será como es, no como lo ves.

El camino es el que es.

Non intelligens.

5. Paciencia

La paciencia es el arte de saborear la espera.

El *DRAE* define la paciencia como la calma o tranquilidad para esperar. Eso aparte, alguien dijo: «Paciencia y silencio: virtud de los grandes». Pero pocas cosas hay más angustiosas que desear algo mucho y que no acabe de llegar. El yo se desespera en la espera, no soporta la incertidumbre y quiere respuestas y resultados ya. Cuanto más rígido es el yo, menos paciencia tiene.

El camino es un camino de incertidumbre. No entendiendo.

También se puede decir: «Paciencia, virtud que se pierde cuando más se necesita». A continuación, verteremos algunas reflexiones que quizá le sirvan a alguien a la hora de enfrentar la espera con una cierta sabiduría. Porque la paciencia es el arte de saborear la espera.

Paciencia o saber esperar

Desde la perspectiva del yo, todo tiene un principio y un final. Desde otras perspectivas, todo es impermanencia.

Colaborar con lo inevitable. No luchar contra lo inevitable.

Meditación, conciencia plena.

Darse cuenta de lo que es.

El camino es el que es.

Fluir.

Prestar atención a cosas agradables. Gratitud.

No tener visión de túnel y ampliar la mirada a la inmensidad del camino.

Disfrutar del proceso. Aprender a disfrutar del camino sin angustiarse uno por alcanzar ninguna meta.

Respirar.

El arte de esperar es una cualidad de las mentes flexibles.

Ayuda a madurar.

Aprender a disfrutar incluso en estas circunstancias.

Darse cuenta de la posibilidad de continuar disfrutando del camino como es, a pesar de que no se ha obtenido lo que uno esperaba.

Disfrutar también del autoconocimiento.

Gratitud.

Observarse a sí mismo y las reacciones de la mente del yo durante la espera es una de las lecciones más transformadoras sobre uno mismo.

Respirar. Seguir respirando.

Es posible esperar y respirar, aunque la angustia de la espera propicie que uno desconecte de una respiración profunda y consciente.

Poder esperar tranquilamente. Es nuestra esencia y nuestro derecho. Podemos intentarlo si lo consideramos oportuno.

No es importante que se resuelva pronto. De hecho, podría ser negativo que ocurriera, porque quizá sea más importante desarrollar la paciencia que cumplir con las expectativas. Al fin y al cabo, antes o después, siempre nos va a tocar esperar por algo, así que, cuanto mejor se nos dé esperar, más tranquilos viviremos el resto de esta existencia desde el yo.

Respirar.

Esperar no nos impide disfrutar ahora de otras cosas. Recordemos que el mundo sigue girando y que hay alegría, paz y amor en todas partes.

Gratitud.

Acabará pasando.

Recordamos de nuevo la impermanencia como única verdad.

El camino nunca es lineal.

Mientras tanto, otras cosas van poniéndose en su sitio. Quizá lo que esperamos está llevando demasiado tiempo, pero, mientras tanto, otras situaciones van despejándose y la mente del yo va descubriendo el no-yo.

Florecerá cuando sea su momento. Todo tiene su propio tiempo. Todo llega en el momento correcto, aunque la mente no sea capaz de verlo.

Respirar.

La vida continúa, no se detiene. Podemos intentar observar la transformación e intentar no centrarnos solo en aquello que deseamos que ocurra.

No entendiendo.

Podemos esperar, no tenemos ninguna prisa. Es un hecho, como es un hecho que ni tan siquiera existe un yo que esté esperando.

El camino es el que es.

La paciencia es amor hacia uno mismo. Perder la paciencia es castigarnos. La paciencia es humildad. Y la humildad solo existe desde el no-yo.

La paciencia trasciende el ego, es una virtud que únicamente se da desde el no-yo. La paciencia es no violencia, es una cualidad del amor, es la ciencia de la paz.

Sin paciencia no puede haber paz. La impaciencia es falta de fe.

Fidedignum.

El camino es el que es.

La impaciencia se genera en el yo y en su necesidad de tener todo controlado en vez de permitir fluir con la perfección de lo que es.

Podemos intentar aceptar la espera, y hacerlo como parte del proceso de transformación que somos, que es. Intentar aceptar que esto no se resuelva en este momento. Intentar aceptar la espera y seguir viviendo.

Respirar.

La paciencia cuida de nosotros. Es un padre que nos protege y cuida de nosotros. Mostrarse paciente es un reto para el ego.

Conciencia.

La paciencia es una oportunidad para trascender el ego. «¿Queda mucho?», preguntan los niños nada más arrancar el coche.

Respirar.

Y mientras esperamos, vivimos. O, mejor dicho, no existen ni el tiempo ni las formas. Hemos esperado, esperamos y esperaremos, y llegará. Lo que es, es, era y será, aunque no exista el tiempo, pero sí su percepción desde el yo.

No esperamos en vano. Porque todo es como tiene que ser, aunque no nos demos cuenta.

El camino es el que es.

Gratitud.

No entendiendo.

Pole, pole

A continuación, una historia contada desde el ego y, a pesar de ello, quizá con algún interés.

Hace años cogí un avión hasta Tanzania con la idea de subir el Kilimanjaro. Era una llamada que no pude resistir y allá fui, solo, con una pequeña mochila y unas botas de montaña. Allí mismo, contraté una expedición para que me acompañara en la ascensión. Nada más comenzar esta, las ganas de alcanzar la cumbre me impulsaban a caminar con fuerza, repleto de energía, motivado con llegar pronto. El guía, experto y curtido en mil ascensiones, levantaba ligeramente la mano y me decía con suavidad: «*Pole, pole*». En un primer momento no entendía qué es lo que me quería decir con eso de «*pole, pole*», y cuando lo entendí pensaba que era él el que no me entendía a mí: deberíamos caminar más rápido, porque sentía que tenía fuerzas más que suficientes para subir mucho más rápido que el ritmo que marcaba el guía. Además, veía cómo muchos otros montañeros nos adelantaban cada día. Aun así, y a pesar de mi insistencia y de mis protestas, el guía en ningún momento aceleró el ritmo.

Subimos a su ritmo, *pole, pole*, y tres días después alcanzamos la cumbre. Vimos el más espectacular de los amaneceres desde lo alto del Kilimanjaro. Mis ojos lloraron de felicidad durante horas ante la imagen indescriptible de los glaciares iluminados por los primeros rayos del sol. Los cristales de hielo proyectaban infinitos reflejos de naranjas, amarillos, rosas y ocres. Es una imagen que la mente no ha olvidado y una sensación que el corazón aún recuerda con la intensidad del momento. Buena parte de aquellos montañeros que nos adelantaron durante los días previos tuvieron que abandonar la ascensión. Su cuerpo no se había adaptado suficientemente a la falta de oxígeno derivada de la gran altitud y sus cerebros colapsaron por la hipoxia y el mal de altura. Cuando nos cruzábamos con ellos, nosotros subiendo, disfrutando, y ellos bajando a rastras, desfallecidos e inconscientes, comprendí la sabiduría de mi guía y agradecí al camino y a él su paciencia conmigo.

Aquel viaje me aportó una enseñanza que hoy en día siento como muy valiosa, algo que uno necesita aprender antes o después y que no es otra cosa que el arte de esperar, el arte de disfrutar del viaje sin anticipar los resultados. Porque la paciencia es un conjunto de todas aquellas virtudes que existen desde el estado de conciencia del no-yo y que incluye, entre otras, la felicidad, la eternidad, la paz, el amor y la humildad.

Y es que la ascensión al Kilimanjaro es una metáfora del camino. Siendo así, el mejor guía que uno puede tener durante esa ascensión es el que tuve, aquel que, a pesar de mis ganas, dice amablemente «*pole, pole*», pasito a pasito, sin prisa, con calma, disfrutando del ahora.

Pole, pole. Respirar. Y cuando te descuidas, ya estás descendiendo desde la cumbre del Kilimanjaro, llorando ante la visión celestial de los glaciares iluminados al alba por los primeros rayos del sol. *Pole, pole*. Respirar. No tengas prisa, este es el ritmo de adaptación que necesitas. *Pole, pole,* disfruta de la ascensión, porque antes de lo que crees estarás en casa recordando estos momentos. *Pole, pole,* porque querer llegar muy alto muy pronto produce mal de altura.

Respirar.

Conciencia: recordamos que no somos las sensaciones, que somos conciencia de esas sensaciones.

Estar: permanecer en el presente continuo, no adelantarse con la mente a lugares que no son.

La vida continúa: podemos disfrutar mientras esperamos. No hay ninguna necesidad de esperar a que se resuelva algo para empezar a disfrutar.

Esperar no es una enfermedad limitante: mientras uno espera, puede seguir haciendo otras cosas.

Todo pasa, nada permanece: impermanencia. Lo más socorrido, y gastado ya de tanto usarlo, sería recurrir a Borges, por ejemplo, aunque podríamos remontarnos a la Antigua Grecia y su pléyade de pensadores, que fueron apuntalándolo todo, desde los átomos a la melancolía. Y si un árbol crece, si un río fluye y avanza, ¿qué es aquello que resiste el cambio?[3]

Respirar. Pedir ayuda. No estamos solos.

Conciencia del presente

Cada vez que llega un pensamiento a la mente del yo, ese pensamiento cobra vida. Si es un pensamiento de sufrimiento, es el yo quien sufre, porque el yo es el pensamiento.

---

3   Sin atribución concreta, la frase resume una de las ideas principales de los llamados «filósofos de la naturaleza», como Tales de Mileto, Anaximandro o Anaxímenes (siglos VII y VI a. C.).

La mente del yo se da cuenta de que necesita estar permanentemente ocupada con algo o con algún pensamiento; no está en el presente. En este momento no tiene nada que hacer, no tiene nada pendiente, y, sin embargo, sigue sintiendo una presión enorme. En lugar de disfrutar de este momento de paz y de tranquilidad, vive angustiada por los pensamientos que la ocupan.

Habitualmente, el presente es muy amable con uno y, a pesar de ello, la mente del yo sigue angustiada por un futuro que quiere que llegue ya y que no llega. Este exceso de futuro produce un estado de agitación, de ansiedad en la mente del yo, que escoge estar alterada incluso cuando el presente no puede ser más benévolo. En este momento, no existe ningún problema, ni de salud ni económico ni con aquellos a los que la mente identifica como hijas y amigos ni con el trabajo, y tampoco se ha impuesto ninguna obligación, no tiene nada que hacer, ni estudiar ni prácticas, nada, pero en lugar de disfrutar de esta paz, se traslada a un futuro imaginado que quiere que se materialice ya. E imagina que, una vez alcanzado ese futuro, buscará otro, y así, de futuro en futuro, hasta que la muerte ponga fin a estos delirios de la mente del yo.

Durante unos minutos, la mente ha observado lo que ocurría alrededor, sin pensar en nada, y ha sentido paz.

La paz es posible.

La paciencia tiene más que ver con lo que estamos haciendo ahora mismo que con lo que esperamos que vaya a ocurrir.

Qadam-ba-qadam, «paso a paso».

Respirar, a pesar de la incertidumbre. Ese es el camino.

6. Hogar

Felices los que no tienen cayado, pues no tropiezan.
Felices los que no tienen hogar, pues están en casa.

¿Somos nuestro propio hogar? Si la respuesta es afirmativa, ya hemos comprendido.

Cuando uno se convierte en su propio hogar, deja de buscar nada fuera.

Hogar o refugio

Así como el alcohólico busca refugio en la bebida acabando consumido por ella, el ego busca refugio en la admiración siendo también consumido por ella.

Uno encuentra refugio, por un lado, en el reconocimiento y la comprensión de nuestra vulnerabilidad y, por otro, en la compasión y el amor por uno mismo.

¿Refugio o escondite? Ayuda saber discriminar si es lo uno o lo otro.

Quería realmente tener bien cerca un hogar. El ego quería sentirse protegido porque es consciente de su finitud, de su herida.

El yo siente algún lugar en particular como su hogar, mientras que la esencia siente el camino como hogar.

El camino no solo es tránsito, también es hogar. Nómadas.

Tirar del hilo. De la idea de hogar del ego al verdadero hogar

Una vez más, deseaba construir un hogar contigo.
Una vez más, pensaba que estaba formando un hogar contigo.
Una vez más, anhelaba formar un hogar donde tú también estuvieras.
Una vez más, deseaba construir un refugio contigo.
Una vez más, deseaba sentirme seguro contigo.
Una vez más, deseaba refugiarme en ti.
Una vez más, deseaba huir de la vida contigo.
Una vez más, había puesto mis esperanzas de una vida más feliz en una relación contigo.
Una vez más, estaba huyendo de mí a través de ti.
Una vez más, te había vestido con la ropa de mis deseos.
Y había dejado de verte como realmente eres.
Una vez más, te estaba viendo a través de la mirada de mis necesidades.
Una vez más, estaba utilizándote de bote salvavidas.
Una vez más, estaba utilizándote como tren para huir de mi vida.

Una vez más, estaba refugiándome en ti.

Una vez más, me estaba engañando a mí mismo.

Y te estaba convirtiendo en algo y en alguien que no eres.

Una vez más, te estaba explotando en mi propio beneficio.

Una vez más, estaba llamando amor,

al sentimiento de bienestar que me producía estar contigo.

La verdad es que no te amaba, te necesitaba.

La verdad es que no te amaba, te explotaba.

La verdad es que no te amaba, te utilizaba.

La verdad es que te utilizaba para llenar una carencia.

La verdad es que te utilizaba para llenar el vacío.

La verdad es que con tu imagen pintaba el vacío,

le daba forma, contenido, vida.

La verdad es que proyectaba en ti el deseo de ser abrazado.

De sentirme amado, de sentirme protegido, de un hogar.

La verdad es que mi único hogar soy yo mismo.

O así lo vivo desde el ego.

La verdad es que somos dos desconocidos.

Siento confusión, porque hasta ahora te había percibido como familia, y al darme cuenta de que no somos familia no sé cómo relacionarme contigo.

Siento confusión acerca de la idea de si al menos podemos ser amigos, ya que no somos familia.

Me duele sentirme solo otra vez. Me duele la idea de un hogar sin ti, la idea de haberme quedado sin refugio.

Dices que todo sigue igual, que seguimos siendo un hogar. No lo percibo así, porque en un hogar no entran ni viven desconocidos, en un hogar está solo la familia. Por el contrario, en esta casa puede entrar gente. La casa es un lugar físico y el hogar es un estado mental.

Al haber permitido dejar entrar a desconocidos, sentimos cómo el hogar ha sido, de alguna manera, violado.

Es posible que nadie más sienta el hogar como lo siente uno, y por eso los demás actúan como lo hacen. Quizá esta idea de hogar no pueda extenderse más allá de uno mismo, puede que esta idea de refugio no pueda extenderse más allá de uno mismo. Es posible que no sea realista la idea de extender esta idea de hogar más allá de uno mismo.

Estamos revisando la idea de hogar. Es posible que sea un producto de la mente. Es posible que la idea de hogar sea una necesidad del ego, que la esencia no necesite ningún hogar. Quizá la idea de un hogar sea una necesidad del ego, puede que quien necesita un hogar sea el ego.

Cuando algo duele, es el ego. Cuando la idea de un hogar duele, es el ego.

Este hogar es un refugio del ego.

Seguramente, la esencia no necesita ningún hogar ni ningún refugio, porque vive libre y no necesita un lugar donde sentirse segura. La esencia es nómada, es feliz en cualquier estado de existencia, lo es cuando aparentemente está sola y cuando no lo está. Probablemente, porque en ella no habita la noción de soledad.

La esencia no necesita hogar, refugio ni fortaleza donde protegerse.

Es invencible. O eso parece.

Es el ego quien tiene miedo y busca refugio. El ego es quien ha convertido al otro en su refugio.

La esencia es feliz en el camino sin distinción.

El ego es feliz con su propia felicidad.

Me duele el ego

Desde el ego, uno se disculpa ante la esencia, le pide disculpas por el ego.

El ego nos ha utilizado para construir el supuesto refugio que necesitaba, nos ha usado en su beneficio para sentirse seguro.

La esencia trasciende el tiempo y la mente. Es pura y eterna, a pesar del ego. Uno dice «mi esencia», pero no le pertenece. La esencia es libre, es libertad y, por algún motivo que la mente del yo desconoce, o sin motivo alguno, está presente en uno. Nos sentimos profundamente agradecidos porque la esencia esté presente, iluminando con la verdad y con el amor.

Somos conciencia de la esencia, del no-yo; somos conciencia del ego, del yo.

El hogar es el camino y el camino es el hogar.

Respirar. Pedir ayuda. No estamos solos.

Concluyo, luego no fluyo

En este momento, la mente del yo concluye que el ego sigue buscando amor y refugio fuera de sí mismo.

Solo en el silencio habita la paz y se encuentran las respuestas.

La mente del yo es consciente de que las conclusiones a las que llega son creadas por ella misma para intentar terminar con el conflicto y con la incertidumbre.

La verdad está más allá de las palabras. Está en el silencio.

El único hogar posible está en el camino.

Hogar es la sensación de sentir calor y de permanecer a resguardo en un día frío y lluvioso. Es posible que exista un verdadero hogar, en el silencio, en el vacío y en la eternidad y otro hogar que sería tan solo un refugio para el ego.

Si hay dolor, hay ego. Ayuda recordar que solamente duele el ego. Ya lo hemos dicho. Uno está bien, el ego no. De hecho, la mente del yo únicamente se identifica con su estado anímico, ignorando lo que es.

Preguntar «¿me quieres?» seguramente, en muchos casos, indica falta de amor propio e inseguridad y desvela una carencia afectiva y dependencia de otra persona. La falta de amor propio se percibe como estar a la intemperie, mal abrigado un día frío. Seguramente habrá verdadera transformación en el camino hacia la conciencia del no-yo cuando comprendamos que tener éxito no significa tener mucho; que la posesión implica posibilidad de pérdida, lo cual es a su vez fuente de ansiedad; que ser rico implica poder perderlo todo y que es muy probable que ningún rico duerma tranquilo; que muchos de nosotros no necesitamos más de lo que tenemos; que la libertad llegará cuando aprendamos que es el camino el que fluye a través de uno y que caminar implica no poner trabas ni resistirse a que la energía del camino fluya por cada célula del cuerpo llenándonos, así sí, de todo lo que de verdad necesitamos, quitando lo que no necesitamos; que nuestra riqueza es comprendernos, amarnos y cuidarnos; y que somos tan ricos que necesitamos compartir la abundancia con los demás, sobre todo con los que más lo necesitan, porque ellos son también uno mismo, y ayudándoles a ellos uno sigue ayudándose a sí mismo. Quizá sea esta la única posibilidad de una conciencia del yo menos egoica.

El camino da y quita.

No entendiendo.

Respirar. Pedir ayuda. No estamos solos.

7. Humildad e importancia

Aparentemente, la verdadera humildad se manifiesta cuando la mente del yo comprende totalmente su vulnerabilidad.

La sencillez aparece cuando desaparece el ego.

La humildad no se puede forzar ni entrenar. La humildad surge de forma espontánea cuando la mente del yo se da cuenta de la existencia del yo, comprende su funcionamiento y lo observa sin juzgarlo, sin ninguna intención ni propósito, con compasión.

La mente humilde no tiene ningún propósito.

El yo se da tanta importancia que lo que más teme es quedarse sin él mismo.

Humildad, gratitud y compasión.

Tirar del hilo I. la importancia

La importancia para la comprensión del yo de comprender la importancia.

Transitamos una vez más este tramo.

La mente del yo busca la importancia. Se identifica con ella. Juzga lo que es importante y lo que no, quién es importante y quién no. La importancia es el valor, el interés o la influencia de una cosa, la categoría o posición social de una persona.

Nos damos cuenta de que tenemos una relación de conflicto con la importancia. Nos damos cuenta de que percibirse como importante o no, nos quita paz. Nos damos cuenta de cómo sitúa en nivel de importancia a cada persona con la que se relaciona y, a continuación, se compara en nivel de importancia con la idea que se ha creado de esa persona. Nos damos cuenta de cómo compara dos ideas irreales sobre la importancia de dos personas, de cómo hace cosas para ser más importante mientras se aleja de aquellas cosas que considera que le quitan o no le otorgan importancia.

La mente del yo entiende que darse cuenta del conflicto que tiene con la importancia la entristece y la alivia. Se da cuenta de que al darse cuenta del conflicto que tiene con la idea de la importancia, esta cada vez tiene menos importancia.

No es correcto decir que uno no tenga importancia, sino que, seguramente, es el yo el que no tiene esa importancia. En apariencia, toda existencia es importante, lo que no es importante es la idea de existir, el pensamiento de existir, la valoración de la propia existencia, el recuerdo de lo vivido, la acumulación de lo vivido.

Ayuda vivir sin darse importancia, pero reconociendo la importancia de vivir.

La gratitud y la humildad se hacen presentes en el camino.

Tirar del hilo II. Lo importante

El camino sigue transcurriendo por el mismo tramo. La mente se da cuenta de que es feliz cuando piensa que ha conseguido aquello que considera importante, así que quizá bien merezca la pena dedicar unos minutos a darse cuenta de qué considera la mente del yo que es importante.

A la mente del yo le parece importante la salud, sobre todo aquella que considera que es la que la mantiene viva, así como la salud de aquellas mentes a las que llama hijas y la de las mentes de las personas que piensa que quiere. Así pues, a la mente del yo le parece importante tener un lugar donde poder estar tranquila y al que llamar hogar, le importa rodearse de un pequeño grupo de personas con las que poder hablar.

A la mente del yo le parece importante desempeñar un trabajo con el que disfrute y que le permita afrontar los gastos que considera que necesita para vivir y, además, intenta cultivarse y conocerse a sí misma cada día mejor. Le importa tratarse a sí misma y a los demás con amor y con amabilidad, le parece importante conectar con el mundo tal y como es. También que el ser humano viva en paz y en armonía con otros seres humanos y con el mundo donde vive.

A la mente del yo le parece importante no sentirse mal, no estar triste, no sentirse sola, ni abandonada, ni invisible. Le importa amarse, amar y ser amada. Le parece importante vivir en un sitio donde haya sol y una temperatura agradable, aunque, curiosamente, suele preferir la lluvia y el frío.

A la mente del yo le parece relevante darse cuenta de que todas estas cosas únicamente le parecen importantes a sí misma, e intuye que la esencia ya es y no necesita ni vibra en ninguna frecuencia relacionada con el concepto de importancia.

El camino es el que es.

Non intelligens.

La importancia de no hacer nada importante

Estar recostado en el sofá, tapado por una suave manta, leyendo a J. Krishnamurti, con la música de fondo, meditando sobre la mente y la vida, es lo más parecido que uno recuerda al sentimiento de lo que debió ser estar dentro del útero materno. Y no es tan solo una sensación de paz, de tranquilidad y de bienestar indescriptibles, sino que es una sensación autoinducida, que no necesita de ningún otro ser humano. La mente del yo ha encontrado hogar, refugio y paz en sí misma, en la meditación consigo misma. Se ha convertido en madre y en hogar. Uno se siente a sí mismo como su propio abrazo, su consuelo y su amor. O al menos así lo sentimos desde la conciencia del yo, porque intuimos que desde la conciencia del no-yo no hay conciencia de nada de esto o, al menos, no la hay en estos términos.

Y, a pesar de todo, pese a lo que sabe la mente, de lo que ha aprendido y de lo que ha experimentado, a pesar de todos esos momentos que la mente del yo califica como momentos de iluminación, de claridad, de silencio, de pura paz e incluso de misticismo, cada vez que se siente dispuesta a no hacer nada, la mente del yo se ataca con ese profundo sentimiento de culpabilidad y se empuja a hacer algo «productivo», a no «perder el tiempo» y a no ser un «vago». Ya lo vimos. Pero conviene recordar que mientras haya recuerdo o sensación de iluminación, misticismo o paz, no es realmente nada de eso. En este momento es otra idea de la mente del yo, del ego, no es verdadera paz. A la mente le cuesta mucho permanecer en silencio, sin hacer nada «productivo». El condicionamiento es tan profundo que nunca deja de sorprender. Es abismal.

Respirar. Pedir ayuda. No estamos solos.

¿Hacia dónde apunta la mente del yo?

La mente del yo se alinea con las otras mentes. Lo llaman «neuronas espejo». Todas las mentes apuntan hacia el mismo lugar, como todas las brújulas apuntan hacia el norte magnético. Pero el norte magnético no es el norte real. Mientras la mente sea la brújula, nunca alcanzaremos el norte real, nunca veremos la verdad. O eso parece.

No entendiendo.

La humildad sustantiva

Pobreza y humildad sustantivas, no como objetivo, meta, proceso, idea o deseo.

La sustantividad de la pobreza, la humildad y la libertad en el ser humano.

El Reino de los Cielos no como un lugar o un destino, sino como la sustantividad del ser humano libre, humilde y pobre. No alcanzamos el Reino de los Cielos, sino que nos convertimos en el Reino de los Cielos, realizamos el Reino de los Cielos.

La sustantividad del Reino de los Cielos.

No entendiendo.

¿Podemos perder el tiempo?

La mente del yo lleva unos meses especialmente confundida. Nota como si la cabeza fuera hueca y estuviera llena de pelotas de *ping-pong* que se mueven sin sentido y a toda velocidad, como si alguien le estuviera enchufando con un secador.

La mente del yo se siente incapaz de fijar la atención en un único tema. Va pasando de un problema a otro. Está cansada, mentalmente agotada. Le pesa la vida, el día a día. Las preguntas se van acumulando en ella. No hay respuestas, solo preguntas, y eso la mente del yo no lo soporta. La mente del yo necesita respuestas, quiere saber, conocer, asegurarse, tener certezas, concluir. Pero las preguntas siguen produciéndose, sin respiro, inmisericordemente.

¿Puede uno pasar siete días completos en casa, sin hacer nada de particular, sin irse de vacaciones, sin hacer ningún curso ni estudiar nada, sin resolver ningún asunto más o menos importante ni arreglar nada, sin conocer a nadie nuevo, sin salir de casa, y no sentir que está perdiendo el tiempo? ¿Puede uno estar una semana en casa sin hacer nada y sentirse bien? ¿Qué pensamientos o conjunto de pensamientos le empujan a uno a querer «hacer algo», a «aprovechar el tiempo»? ¿Por qué la mente del yo necesita seguir adquiriendo cosas, experiencias, conocimientos, amistades? ¿Por qué la mente del yo necesita seguir expandiéndose por el mundo? ¿Por qué necesita salir de aquí e ir allá? ¿Por qué no puede estar en completa paz aquí, en casa, con el cuerpo recostado en el sofá, escuchando su música favorita, tapado el cuerpo por la manta, sola, leyendo a ratos a Krishnamurti o a san Juan de la Cruz, o al maestro Suzuki o al maestro Eckhart, investigando sus propios pensamientos, sus propios vaivenes? ¿Por qué siente esa imperiosa necesidad de hacer algo, de salir, de conquistar el mundo, de expandirse? ¿Está huyendo? ¿De qué está huyendo? ¿Está buscando? ¿Qué está buscando? ¿Le falta algo? ¿Qué le falta? ¿Necesita algo? ¿Qué necesita que no tenga? ¿A dónde va? ¿Acaso no está bien ahora mismo? ¿No está completa? ¿Qué pensamientos le impelen a salir, a moverse, a hacer algo productivo? ¿Es la influencia de aquella otra mente del yo a la que define como «padre» diciéndole una y otra vez que haga algo?

¿Es el recuerdo de la mirada desaprobadora de aquella otra mente del yo a la que define como «madre» cuando le veía sin hacer nada? ¿Es la influencia de la sociedad de que forzosamente tenemos que ser productivos?

Todas esas ideas están muy arraigadas en la mente del yo. Son como esos pajarotes negros que descansan ruidosamente en las ramas del árbol que es la mente del yo y que le impiden conciliar la paz, estar en calma. La mente del yo escucha sus graznidos, ve sus miradas inquisitivas, percibe sus reproches, nota su desprecio. Nos quieren activos, produciendo, gastando, consumiendo, adquiriendo, ganando, poseyendo, teniendo, cogiendo, siendo. No les gusta la paz, no soportan vernos haciendo nada. Nos amenazan para que nos movamos y produzcamos.

No nos quieren felices, nos quieren produciendo. Es la mente del yo controlada por el ego la que desea explotar todo lo que puede explotar. Miedosa, ella es la que quiere sobrevivir a toda costa la que empuja a los demás a moverse para asegurarse su existencia.

Respirar. Pedir ayuda. No estamos solos.

¿De verdad lamento decepcionaros?

El yo, dándose cuenta del propio yo, a veces, se percibe así:

Lo siento por vosotros, pero no soy como me queréis. Tendréis que disculparme por no cumplir con vuestras expectativas sobre mí, por decepcionaros, pero no soy como me pensáis. Lamento no encajar, ser diferente, que me percibáis como peor o incompleto o torpe o malo.

Lamento que no podáis evitar juzgarme negativamente.

¿De verdad lo lamento?

Pero, creedme, no soy como me pensáis. Ni tan siquiera soy como yo mismo me pienso. Aunque aún, hoy por hoy, sigo influido por vuestra forma de entender la vida que, la mayoría de las veces, se ha convertido en la forma en que yo veo la vida.

Aún hoy, cuando hago algo «productivo», siento cómo me felicitáis, siento vuestra sonrisa de aprobación. Y es que, aun hoy, necesito vuestra aprobación, que os sintáis orgullosos de mí. Me doy cuenta de mi dependencia, de mi necesidad de aprobación, de que no soy tan independiente ni tan libre como equivocadamente pensaba. Pero, al menos, hay un darse cuenta.

Alguien dijo que la educación es castración. En mi caso, la castración ha sido total, una completa anulación de la personalidad, la aniquilación del ser, el asesinato de la esencia. Y a pesar de la losa del condicionamiento, la mente del yo nota cómo va transformándose con cada cosa de la que se da cuenta sobre su propio funcionamiento; nota cómo va perdiendo capas como una serpiente que muda su piel. Y cada descubrimiento es una alegría, es como encontrar un pequeño tesoro, y hace que se sienta, aunque sea momentáneamente, más ligera, más serena, más feliz, mejor. Despertando de su letargo.

Mente = miente.

Gratitud.

La paz está en uno

Disculpadme por no estar a la altura de vuestras expectativas, tampoco estoy a la altura de las mías. Y es que la mente del yo, la vuestra, la mía, es insaciable, no conoce límites y siempre parece necesitar más y más. Y si aquellas mentes del yo con las que os identificáis buscan en esta otra mente del yo consuelo o seguridad o pretenden que simplemente les calme, lamentablemente, eso no va a poder ser posible y van a sufrir una tremenda decepción. Porque lo único que de verdad puede calmar a una mente del yo confundida es la claridad de conocerse a sí misma. Y ese camino tiene que ser forzosamente un camino personal, un proceso donde no valen los trucos, los engaños ni los atajos.

Nadie nos va a dar esa paz que es real, porque nadie tiene la paz de los demás, nadie es el guardián de la paz universal ni el dador de la misma. La paz está en uno mismo y la única forma que uno conoce de que esa paz se muestre es mediante el autoconocimiento, dándose cuenta uno mismo de cómo funciona su propia mente del yo, comprendiendo el funcionamiento de la mente, sin maestros, sin guías, sin libros, sin técnicas ni modelos. Simplemente mediante la observación silenciosa, humilde y desapasionada de sus mecanismos. Probablemente, esté también equivocado en esto, como en todo lo demás.

Respirar. Pedir ayuda. No estamos solos.

La búsqueda excita la mente del yo

Como ya hemos dicho, de una manera o de otra, la mente del yo siente como si por no hacer nada se estuviera perdiendo la vida. Como si necesitara estar permanentemente excitada con algo, en busca de algo, moviéndose, creando, transformando, haciendo. Es la búsqueda permanente lo que le impide estar en paz, tranquila, en calma. La búsqueda del santo grial, de Dios, del éxito, de la diversión, de la importancia, de más y más y más. Una búsqueda sin sentido, un estado de locura, de enajenación mental, de histeria individual y colectiva, de frenesí, de agitación, de excitación.

La búsqueda es la pérdida. La búsqueda de cualquier cosa es la pérdida de uno mismo.

Uno se pierde en la búsqueda.

Conciencia.

El camino nunca es lineal.

No entendiendo.

¿No somos suficiente?

La mente del yo corre constantemente detrás de aquello que cree que necesita. Y aquello que cree que necesita es algo que otras mentes le han implantado como una necesidad. Es un deseo heredado, creado por otras mentes, pero que cada mente del yo hace suyo. La necesidad de ser más guapo, más joven, mejor, más digno, más rico, más simpático, más exitoso, más fuerte, más sensible, más amado... Podemos incluso quitarle el «más» y seguiría valiendo: la necesidad de ser guapo, joven, bueno, digno, rico, simpático, exitoso, fuerte, sensible, amado.

Esas necesidades han sido implantadas junto con lo que llamamos sociedad, padres, parejas, amigos... Y nuestra propia mente del yo está implantando esas mismas necesidades en las de aquellos a los que identifica como hijos, pareja, amigos, y a quien quiera que le escuche. El mensaje es muy claro: no somos suficiente. Nunca somos suficiente y tenemos que esforzarnos en ser más, mejores. Es este un mensaje que está arraigado en nuestra médula ósea, que conforma nuestro ADN y que nos impulsa de forma compulsiva y delirante a ser más, a mejorar.

Es un mensaje destructivo y destructor. O así me lo parece.

No somos suficiente, necesitamos más. Estos son los dos programas más dañinos y más arraigados en la mente del yo. Por el contrario, la comprensión de que ya somos bastante y de que no necesitamos más sería el motor de una vida plena y en paz.

Somos suficiente. Tenemos suficiente. Conciencia.

Cuando uno comprende que ya está bien tal y como es y que tiene suficiente, la búsqueda cesa y, en consecuencia, aparecen la paz, la calma y la dicha.

¿Podemos aceptar el hecho de que somos como somos sin juzgarnos, sin justificarnos, sin buscar excusas, causas ni motivos ni cuál es su origen? ¿Podemos aceptar con total humildad que somos como somos, y no como nos gustaría ser? ¿Podemos aceptarnos tal y como somos ahora, siendo perfectamente conscientes de cómo somos realmente, sin disimular nada, sin ocultar nada, sin engañarnos a nosotros mismos? Porque, sinceramente, creo que no podemos, que en el fondo no nos aceptamos como somos, no nos atrevemos a mirarnos fijamente, no sea que no vaya a gustarnos lo que vemos.

El camino nunca es lineal.

Non intelligens.

¿Podemos aceptar nuestra falta de humildad?

No somos humildes, no nos miramos con humildad. El hecho real es que no somos humildes con nosotros mismos ni con los demás. No aceptamos nuestra falta de humildad. En ocasiones, nos sentimos mal y nos castigamos por nuestra falta de humildad. El hecho es que esperamos de nosotros mismos ser humildes, que no serlo nos causa una profunda tristeza. No nos perdonamos no ser humildes, nos machacamos cada día por no serlo de verdad, aunque nos gustaría serlo y pensamos que deberíamos serlo. Pensamos que Dios nos va a castigar por no ser humildes, que creemos que estamos traicionando a la esencia y a Dios por no serlo, que no queremos no ser humildes. Tenemos un verdadero conflicto con el hecho de que no somos humildes.

Quizá sea este un buen momento para adelantar algo de lo que se tratará más adelante, para lo que usaremos la idea de espíritu en contraposición con el conflicto planteado en las líneas anteriores. Y es que, para que el espíritu, la conciencia del no-yo, se haga presente en la mente, esta debe cambiar de paradigma, dejar de poner su atención en sí misma como individualidad y ponerla en los demás. Esta respuesta solo puede darse desde la humildad de la mente del no-yo, que ha diluido su supuesta individualidad para sentirse parte del Todo.

Respirar. Pedir ayuda. No estamos solos.

La insuficiencia como motor de la mente

No somos suficiente = soberbia.

Somos suficiente = humildad.

No tenemos suficiente = ambición.

Tenemos suficiente = gratitud.

Esa humildad y esa gratitud, esa no-soberbia y esa no-ambición, esa no-exigencia, cuando son verdaderas, permiten que la mente esté en calma. Ese no esperar, ese no desear, ese conformarse, permiten que la mente esté en calma. No esperar nada es clave para que la mente lo esté. No es lo mismo «no esperar nada» que «desesperación».

No esperamos nada porque ya tenemos suficiente, porque ya somos suficiente.

Ese no-esperar-nada es un estado de paz. En la suficiencia se originan la calma y la paz.

La suficiencia es la raíz de la calma mental, es el étimo del que procede la calma de la mente.

Por su parte, la insuficiencia es la raíz de la que surge la ambición, la soberbia y todo lo que ello conlleva, empezando por el ego.

La mente del yo, lo dijimos, es la actividad cerebral que tiene su origen en la insuficiencia. La insuficiencia crea la mente del yo, surge de la idea del yo. El yo es la reacción de la mente del yo ante la insuficiencia.

Ya vimos que cuando hay insuficiencia aparece la idea del yo como sujeto que va a remediarla. Ese sujeto comienza a actuar y a convertirse en el centro, en el núcleo desde el cual se intenta poner fin a la insuficiencia. Para eso, el yo utiliza la capacidad cerebral de la memoria y del aprendizaje, y en función de ellas construye la mente del yo y fortalece la idea del yo. ¿Es posible que si la mente del yo comprendiera que no hay insuficiencia, sería capaz de trascender el yo? Básicamente, él yo dejaría de tener una razón de ser. Ya no sería necesario el yo, porque no habría insuficiencia alguna que atender.

La insuficiencia, por el contrario, excita y solidifica el yo.

El camino nunca es lineal.

Respirar. Pedir ayuda. No estamos solos.

La importancia del sujeto

El lenguaje se construye desde el yo para satisfacer al yo. Por eso, como ya vimos, gran parte de las lenguas tienen en su estructura básica el sujeto, y alrededor de él se estructuran el verbo y el predicado. Las oraciones impersonales son mucho menos frecuentes. Sin embargo, el yo no existe fuera de sí, el sujeto no existe como tal fuera de la mente del yo, a pesar de que el yo no puede concebir esta idea y el lenguaje, que tiene su origen en el yo, tampoco es capaz de expresar adecuadamente la idea del no-yo.

Podríamos intentar torpemente explicar la existencia del no-yo basándonos en el fenómeno de la lluvia. Si le preguntan a un niño dónde se origina la lluvia, seguramente contestará que en las nubes. Desde el punto de vista de la mente del niño, el sujeto sería las nubes y el verbo sería el acto de llover, la lluvia. Pero se sabe que las nubes no son un ente propio, sino que se forman por la unión de partículas de vapor de agua alrededor de una mota de polvo o de algo sólido que, al elevarse y enfriarse, se condensan y se transforman en gotitas de agua, la cuales, uniéndose unas a otras, forman las nubes y caen al suelo en forma de lluvia. Además, esas partículas de agua se originan por la evaporación del agua que está acumulada en los mares, ríos y lagos por efecto del calor. Y esos mares, ríos y lagos existen, a su vez, por el agua que cae con la lluvia. Este proceso cíclico de transformación carece de un sujeto como tal, aunque alguien, condicionado por el lenguaje, pudiera apuntar que el verdadero sujeto sería el agua, es decir, la unión de dos moléculas de hidrógeno con una de oxígeno. En ese caso, ¿el sujeto quién sería, el hidrógeno, el oxígeno, los enlaces entre esas moléculas o quizá alguna de las partículas subatómicas?

Como ya dijimos, la necesidad de encontrar un sujeto surge de la idea del yo, generada en la mente del yo, que tiene lugar, a su vez, en la percepción de insuficiencia, es decir, de falta de humildad y de falta de gratitud. La insuficiencia genera y perfecciona el yo como instrumento eficaz para satisfacerla.

El yo es la satisfacción de la insuficiencia. Y, como ya vimos, la insuficiencia activa el yo y lo excita para que provea, como el hambre del bebé activa el llanto que, en consecuencia, hace que la madre le dé de mamar. El hambre del bebé es la insuficiencia y su llanto es el yo.

El camino nunca es lineal.

«Pepe me cae mal porque me siento amenazado por él». Pero ¿quién se siente amenazado y qué hay que pueda ser amenazado? Yo me siento amenazado. La idea del yo se siente amenazada. Porque yo soy y, a causa de Pepe, podría dejar de ser. Si no hubiera un yo, no habría nadie amenazado. Además, la amenaza es la previsión del futuro. En este momento, es posible que ni tan siquiera Pepe me esté «atacando». Y, sin embargo, el yo está anticipando el futuro «ataque» por parte de Pepe y se está excitando intensamente.

Uno observa y escucha la mente del yo.

No observa ni escucha con humildad, sin ánimo de querer cambiar nada. Observa y escucha con ánimo de mejorar. Violenta la mente del yo, la traiciona, la juzga, la condena, la castiga.

No está de acuerdo con la mente del yo. Intenta modificarla, que sea diferente.

No hay pasividad ni comprensión ni respeto.

Hay voluntad de cambiar, de ser diferente, de que encaje con lo que uno cree que debería ser. Hay violencia, manipulación y control para que sea como uno quiere que sea.

Es el yo atacando a la mente del yo.

No hay paz, solo hay conflicto.

¿Es posible que exista una mente no ambiciosa? ¿Una mente que no ambicione tener más, ni ser más o diferente? ¿Es posible que exista una mente que no busque nada, que ni tan siquiera busque saber más? ¿Una mente despierta que se dé cuenta de su propia ambición y del conflicto que genera ser así, pero que, sin embargo, no desee cambiar, que simplemente observe su propio funcionamiento sin tomar partido, sin condena ni juicio? Una mente así necesariamente tiene que ser una mente en calma, fuera del tiempo.

La mente del yo está agitada por la ambición.

Respirar. Pedir ayuda. No estamos solos.

El amor hacia uno mismo

El camino que lleva al amor a uno mismo es un camino muy duro para el yo. Es un camino donde hay que ir dejando atrás todos aquellos que alguna vez conocimos, todo aquello a lo que alguna vez nos apegamos. Es un camino que ha de recorrerse solo, un camino sin atajos, un camino de transformación en el que nada de lo aprendido sirve para nada en este instante, que va surgiendo delante de nuestros ojos a medida que vamos avanzando. Un camino de pobreza y de desnudez. Un camino que no tiene un final, que continúa, a pesar de haber sido abrazados por nuestro propio amor en algún momento, que cuando nos detenemos retrocedemos, o no. Porque el amor propio no es algo estático, algo que existe como es y que permanece invariable. Es movimiento, flujo, transformación, impermanencia y espontaneidad, es etéreo, inaprensible, libre, furtivo, efímero. Cuando uno llega, después de un largo camino, y el amor le abraza, surge de nuevo el apego, el miedo a perderlo, la inseguridad... Y, en ese momento, el amor vuelve a desaparecer. Y ahí uno tiene que volver a ponerse en marcha hasta volver a alcanzar el amor propio y dejarse abrazar por él durante los segundos que dure antes de que se desvanezca una vez más y nos atrape de nuevo el yo. Ponerse en marcha no significa exactamente moverse físicamente. Muchas veces uno se mueve permaneciendo en silencio, quieto. Ya lo dijimos.

Uno no puede apegarse ni tan siquiera al amor.

Conciencia.

El camino hacia uno mismo no es la totalidad del camino. Es un tramo del camino, y no sabemos si es un trayecto por el que vayamos a transitar todos. Quizá es el tramo del camino de algunos.

El camino de cada uno es impredecible e irrepetible.

El amor a uno mismo es eterno, pero no es permanente, ni fijo ni estático. Es eterno, pero también es temporal, efímero, fluido como un río, pero la mente del yo quiere congelarlo para que no cambie, para poder retenerlo, poseerlo, sentirlo tal y como es en ese instante.

La mente del yo se aferra al recuerdo del amor que sintió en aquel instante y, obsesionada con ese recuerdo, lo busca con visión de túnel por todas partes. Lo convierte en algo elusivo. Pero el amor que fue es un amor que no puede volver a ser, porque el amor es fluido, está vivo, en constante transformación, y no puede ser apresado, retenido ni reproducido. Y, aun así, el amor a uno mismo sigue siendo eterno, pero en otro lugar y con otra forma, aunque uno lo perciba de la misma manera.

El amor, en ese sentido, de alguna manera es como la comida, esa que te sacia, la que de verdad lo hace, independientemente de que sea un tipo de alimento u otro, pero la sensación que tienes de saciedad es la misma. El amor hacia uno mismo puede ser sentido como saciante, como plenitud, aunque su sabor sea diferente a cada instante.

Es la naturaleza del amor a uno mismo lo que nos llena, no la forma en la que lo concebimos o percibimos. Por eso se dice que el amor tiene mil caras. El amor a uno mismo tiene la particularidad de ser siempre nuevo, espontáneo. Es un amor real, no una ilusión —un concepto, una imagen o una representación sin verdadera realidad, sugeridos por la imaginación o causados por engaño de los sentidos—. El amor hacia uno mismo esquiva siempre al apego y es elusivo cuando aparece el yo. No es algo que se alcanza y ya está, que se logra y se guarda, no es una pieza de caza ni algo que pueda ser almacenado ni exhibido, no es un trofeo.

El amor hacia uno mismo requiere atención, comprensión, silencio y una mente que no albergue ninguna idea preconcebida, ninguna expectativa, una mente no condicionada, una mente libre, que no condena, juzga ni espera; una mente abierta que acepta lo que es tal y como es, una mente conectada a la realidad, una mente presente. Porque el amor hacia uno mismo surge y desaparece en un instante, como una estrella fugaz, como una chispa, como una flor, como una ola. Su fugacidad es eterna. Por eso hay que estar despierto y atento, bien atento, para que se manifieste en uno en cuanto llegue y agradecerlo en cuanto se marche. Es una visita frugal que nos llena de alegría cada vez que viene a casa. Echarlo de menos solo retrasa su vuelta. Si aceptamos lo excepcional de su existencia, lo viviremos con verdadera felicidad cuando llegue y con sincera gratitud cuando se marche.

El camino y el amor.

Gratitud.

El verdadero funcionamiento de la mente egoica

Eso es lo que hace la mente del yo. Uno observa su funcionamiento, se da cuenta de él. Uno es conciencia.

La mente del yo siempre necesita tener la sensación de que ha ganado algo. Hace todo lo posible para no perder nunca. No ama, compite. La relación con el otro se establece en términos de ganar o perder, intentando ganar siempre.

La relación con el otro no es generosa ni altruista. Se plantea en términos de explotación del otro o de intercambio satisfactorio para uno.

La mente del yo no quiere realmente conocer el sentido de la vida ni reunirse con Dios. Lo que quiere es no tener problemas, disfrutar a cada momento y no sufrir nunca más. Y si quiere reunirse con Dios es porque piensa que cuando lo haga va a dejar de sufrir y va a alcanzar la paz eterna. Por eso fantasea con su idea de Dios, con ese Dios que nos va a dar la paz eterna. Pero a la mente del yo, en el fondo, Dios le importa poco o nada. Lo que le importa es su propio bienestar, la realización de su propio bienestar. Y no es más violenta ni más egoísta de lo que es por miedo a las consecuencias, por su condicionamiento, porque ser así no está bien visto en esta cultura represiva.

La mente del yo es depredadora, pero se viste de mentira para ocultarlo. Y ha vuelto a caer otra vez en la trampa de la necesidad de hacer algo. Vuelve a sentir el vacío de estar perdiendo el tiempo. No nota que progrese, que mejore. Necesita conseguir logros, alcanzar metas, cumplir objetivos. Y nota que está estancada.

Siente como si se estuviera pudriendo en vida. Se siente culpable por no hacer nada, por no entrenar, por no estudiar, por no quedar más, por no formarse más, por no lograr más, por no tener una vivienda mejor, porque la imagen con la que se identifica no sea la de alguien más guapo, más alto, más joven, más listo, más simpático ni mejor. Sigue considerándose insuficiente, que no está a la altura de lo que se espera de uno. Es incapaz de pensar en algo sin pasarlo por el filtro del yo, sin tamizarlo a través de los prejuicios y del condicionamiento.

Así que mira cualquier cosa, a cualquier parte y piensa inmediatamente en cómo le afecta eso a ella. Enseguida piensa en cómo le afecta cualquier cosa que experimenta.

Se relaciona desde el yo, percibe el mundo desde el yo y no puede imaginar el mundo sin el yo, porque simplemente nunca lo ha hecho. Intenta trascender el yo y con ello lo único que consigue es fortalecerlo aún más. No nos cansamos de repetirlo.

Todo esfuerzo fortalece el yo. Intenta rendirse, no luchar, abandonarse, pero sigue siendo otra manera de esforzarse y, por tanto, sigue siendo otra manera de fortalecer más el yo.

El cambio nunca es lineal.

No entendiendo.

Esperanza

La esperanza es la necesidad del yo de perpetuarse. Toda esperanza está relacionada y originada en el yo. Perder toda esperanza es empezar a reconocer lo que es frente a lo que debería ser.

La mente del yo es incapaz de trascenderse a sí misma. La trascendencia del yo es otra argucia de este de ser mejor, porque no puede trascenderse. Hay que aceptar que no podemos trascender el yo de esta manera. Ya lo dijimos.

Uno es incapaz de trascender el yo utilizando la mente del yo. Lo único que podemos seguir haciendo es darnos cuenta de cómo vivimos encarcelados en él sin intentar liberarnos de él. Lo único que podemos hacer es reconocer que no podemos liberarnos del yo, que un tramo del camino seguramente pasa por rendirnos ante él, perder toda esperanza de librarnos y dejar de luchar contra él. Comprender que vivimos dentro de una esfera, la creada por el yo, y que no vemos nada más, no vemos ni vivimos fuera de ella. Y no parece que haya escapatoria posible.

La mente del yo se entristece al darse cuenta de que no es capaz de trascender el yo, le cuesta aceptar que nunca vaya a trascenderlo. ¿Cómo podría hacerlo cuando ella misma es el yo?

El camino nunca es lineal. Repetimos senderos.

Respirar. Pedir ayuda. No estamos solos.

Aceptación frente a resignación

Aceptar = recibir, dar entrada.

Resignarse = entregar, renunciar.

Cuando uno está enamorado, acepta a su esposa o a su esposo, lo recibe en su vida, le da entrada y todo lo hace de buen grado. Cuando uno no está enamorado y se casa por un matrimonio de conveniencia, se resigna a casarse con su esposa o esposo a la vez que posiblemente esté renunciando a casarse con quien verdaderamente ama, entregando su voluntad de casarse con quien ama, y seguramente tampoco lo está haciendo de buen grado.

La aceptación, en este contexto, tiene una connotación positiva, mientras que la resignación tiene una connotación negativa.

Aceptación y resignación, ya lo vimos, son consecuencia de la falta de comprensión del yo.

Non intelligens.

¿Humildad?

Vamos concluyendo el capítulo con algunas realizaciones.

La infelicidad es la falta de gratitud.

Solo la mente humilde es capaz de sentir una profunda gratitud por todo.

Perdóname por creerte cuando me dijiste que me amarías para siempre. Perdóname por pensar que me amabas cuando me llamabas «amor». La mente del yo se cree todo aquello que necesita creer. Sesgos.

El yo mató a la inocencia.

Una obra de caridad contada a los demás se convierte en una obra de vanidad. La verdadera caridad es anónima hasta para quien la ejerce.

Somos para el universo como las hojas para el árbol, tan fundamentales para su existencia como caducas.

Desear ser virtuoso impide ser virtuoso. Desear ser humilde impide ser humilde. Cuanto más interés pongamos y más trabajemos para ser humildes, menos humildes seremos. La humildad no es buscada ni deseada ni elaborada. No es un producto del pensamiento ni una actividad de la mente del yo. Es espontánea, nace cuando no se obstaculiza su venida, nace donde no es deseada, esperada ni buscada.

La humildad no es reconocida por el hombre humilde.

Solo los otros pueden ver la humildad.

Uno no puede ser consciente de la propia humildad. En cuanto uno se da cuenta de su humildad, deja de ser humilde. Uno no puede observar su humildad, porque una mente del yo que observa su propia humildad no es una mente humilde.

La mente humilde no busca la humildad. La mente del yo es consciente de que busca la humildad, de que, por el simple hecho de desear la humildad, no es humilde.

La verdad no se busca, la humildad no se busca, la virtud no se busca.

Buscar es un proceso del yo.

Lo que llamamos amor es un proceso del yo. Para que haya amor, seguramente hay que desconectarse del yo. Pero ¿podemos desconectarnos de la mente del yo?

Logro = ganancia.

Logro = ogro.

Cabe pensar que darnos cuenta de nuestra insignificancia puede llegar a hacernos extraordinarios.

La insignificancia es el antónimo de la importancia. Y mientras la mente del yo siga pensando en términos de importancia, nunca terminará el conflicto.

No es más rico el que más tiene, sino el que menos quiere. No es más rico el ego que el no-ego.

El mundo no nos pertenece, somos nosotros los que pertenecemos a él formando parte de él.

La ansiedad está relacionada con la creencia de que uno tiene alguna responsabilidad en el conflicto que le está generando ansiedad.

El ego desea ser percibido como poderoso. El no-ego simplemente no desea nada, ni tan siquiera ser percibido.

El camino transita una y otra vez por los mismos senderos y no entendemos para qué.

Así es el camino.

No entendiendo.

8. Magia

Un ser espiritual es aquel que transforma el ruido
del tráfico en el rumor de las olas del mar.

La magia

Cada día trae su propia magia. Solo hay que permitir que se exprese, no atosigarla, tener paciencia, porque la magia es muy vergonzosa, muy esquiva, y solo se muestra a aquellos que no van a intentar controlarla ni quieran descubrir sus secretos.

La magia solo se presenta ante aquellas mentes humildes y corazones sencillos, ante aquellos que no van a juzgarla ni a interpretarla ni a transformarla ni a utilizarla.

La magia sabe que es un tesoro y solo se ofrece a sí misma a quienes no son avariciosos ni codiciosos, a aquellos que no van a intentar acapararla ni quedársela para ellos solos.

La magia surge espontáneamente en cuanto bajamos la guardia y nos descuidamos, pero hay que permanecer muy atento para verla, ya que solo los que están despiertos pueden hacerlo. A la magia le encanta jugar contigo y que juegues con ella, pero para ello hay que tener la inocencia de un niño, su misma alegría y sus ganas de disfrutar y de aprender. Es incomprensible y solo podremos verla cuando nos deshagamos del pensamiento y observemos sin el filtro del condicionamiento, cuando la mirada sea pura y sigamos nuestra intuición. Es tremendamente divertida y solo jugará con aquellos que son alegres de espíritu y están dispuestos a compartir su alegría.

La magia está siempre contenta y es hipersensible a nuestro estado de ánimo, por eso se presentará solo cuando estemos de buen humor y se marchará cuando no sea así. Es absolutamente irreverente y solo se presentará ante esos que estén dispuestos a negar la existencia de sus ideas y estén dispuestos a no creer en nada. Es valor puro, coraje y atrevimiento y solo jugará con aquellos que estén dispuestos a lanzarse al vacío sin red.

La magia no conoce nuestras reglas ni limitaciones, no sabe de nuestras penas ni de nuestro dolor, porque ella es amor puro y no comprende ningún otro lenguaje que no sea el del amor.

¿Probamos a que la magia inunde nuestras vidas, elija nuestra música, pinte los atardeceres, meza nuestro pelo, nos bese la boca, guíe nuestro camino, nos presente a nuestras almas gemelas, se enamore de nosotros y decida quedarse a vivir en nuestros corazones? ¿Probamos a que nos transforme hasta que no sepamos quiénes somos, hasta que no nos reconozcamos y que seamos nosotros mismos quienes nos convirtamos en magia?

El camino es magia.

Gratitud.

No intentéis quitarme la locura

Intentemos imaginar un campo arado con sus surcos todos bien ordenaditos para sembrar y recoger el fruto de la cosecha. ¡Qué maravilla de orden, cuánta inteligencia al servicio de la producción y qué eficiencia!

Intentemos imaginar ahora a alguien sembrando fuera del surco. ¿Qué diríamos de alguien así? Que está completamente loco, que delira, ¿no? ¡Qué despropósito! La etimología de «delirar» está en el latín *delirāre,* término formado por el prefijo *de-,* que indica alejamiento, y *lira,*[4] que significa «surco». Así que, aunque ya no lo usemos en este sentido, delirar es «salirse del surco» y, siguiendo ese paralelismo, ese que delira lo hace porque se sale del surco de lo convencional, de lo establecido y comúnmente aceptado como la realidad. Esto viene a cuento porque uno piensa que ha llegado el momento de confesar un pequeño secreto, aunque es probable que ya lo supierais: últimamente la mente del yo se ha dado cuenta de que delira. Antes lo hacía de vez en cuando, ahora delira todo el tiempo.

---

4 Esta *lira,* a su vez, casi con toda seguridad, tiene raíz indoeuropea y proviene de *leis,* «surco, huella, vestigio»… No se confunda con lira como instrumento musical, que viene del griego λύρα.

Para muestra un botón, dicen. Pues bien, fijémonos en lo que piensa y en cómo se siente la mente del yo y decidid por vosotros mismos. Estos son los delirios de una mente loca hablando en primera persona, una mente del yo viviendo la vida desde el yo, y no sabemos si también desde el no-yo. Uno es pintor y dibuja estelas en el cielo subido a un avión. A veces, son líneas blancas sobre lienzos azules y en otras ocasiones son trazos naranjas y rosas sobre nubes que flotan en un mar en calma al atardecer. Al, cuando era pequeña, creía que eran los unicornios quienes pintaban las nubes al atardecer. Lo vimos en unos dibujos y para ambos aquello tenía todo el sentido del mundo. No deja de ser fascinante cómo Al podía ya entonces sentir tal fascinación por el atardecer. Uno espera que a pesar de los años ella siga pensando de la misma manera. Ya sabemos que cualquier otra explicación que no sea la de unicornios pintando las nubes no es más que pura fantasía.

Uno es un niño alegre y crea pompas de amor a su alrededor. Va corriendo de acá para allá mientras las pompas van haciéndose cada vez más grandes, hasta que crecen tanto que terminan por explotar, o chocan contra algún objeto punzante al que los demás llaman «la realidad» y entonces revientan. Por un motivo o por otro, siempre son pompas efímeras, aunque uno se da cuenta de que le gustaría que nunca explotasen. Cada vez que lo hacen, nos llevamos una pequeña desilusión.

Soy místico y mantengo una relación íntima de amor con Dios. El diálogo es absolutamente enriquecedor para ambos. Tocamos todo tipo de temas, no solo hablamos de la creación y de esas «cosas de Dios». A él le gustan especialmente las historias que le cuento sobre mis hijas cuando eran pequeñas, o de cuando era pequeño y vivía en casa de mis padres mentales. Parece que a Dios le gusta la inocencia, le agrada la alegría de los niños. Y, sobre todo, Dios alucina con cualquier historia de aquello a lo que llamamos «amor». Esto es algo que ni el mismo Dios entiende. En cualquier caso, espero que él disfrute tanto como yo.

Soy compositor y compongo sinfonías magníficas con lo que la vida tiene a bien prestarme. A veces, suenan violines y liras, a veces, tambores y trombones, pero, por lo general, intento que reine la armonía en cada composición. No siempre lo consigo, a veces solo produzco ruido, pero creedme cuando os digo que intentarlo, de verdad que lo intento, y que cuando sale bien, hasta los mismísimos budas salen de su vacío para venir a aplaudir. Me doy cuenta de que les gusta y me alegra que sean felices y disfruten y de que no sea todo vacío e inexistencia. Pienso que tanta inexistencia tiene que ser un poco monótona.

Soy un amante que hace tríos en medio del parque, a plena luz del día, con mis amantes favoritos: el sol me besa apasionadamente la cara, y el viento se pierde en mis rizos y mis pelos de loco. Y sabed que no sentimos vergüenza ninguna de ser vistos en público mostrando nuestro amor. Y tampoco nos molesta que la gente se detenga a mirarnos con ojos de incredulidad. Así es, estamos completamente desinhibidos y no nos juzgamos.

Soy director de cine, pero últimamente apenas ruedo dramas ni dramones sobre desamores y traiciones en los estudios de la mente del yo. Ahora me gustan más las comedias románticas e incluso las películas de ciencia ficción con extraterrestres que nos traen mensajes de amor universal, y no mensajes apocalípticos o de destrucción masiva. Se sabe que es un género muy explotado, pero me gusta, y cuando algo me gusta mucho puedo reproducirlo en bucle hasta que alguien o algo me rescate. Y, por cierto, ¡qué fijación con los extraterrestres destructivos tiene la gente! Me pregunto si los demás no estarán proyectando sus miedos internos en forma de hombrecillos verdes y de platillos voladores. ¡Qué ganas, por cierto, de ver un platillo volador auténtico! ¿Nos dejarán subir a bordo? ¿Y volar? ¡Pilotarlo tiene que ser una verdadera pasada!

Soy escultor y estoy creando para el *David* de Miguel Ángel una estatua ahí, al ladito, para que le haga compañía, que se le ve muy magnífico y muy estupendo y muy en forma, pero también muy solo. No sé si él estará de acuerdo. Quizá le estamos fastidiando su paz y su régimen. Pero lo hago con la mejor intención, David. Esperamos que lo entiendas.

Soy mago, y cuando me paro en medio de la calle a escribir mis pensamientos en el teléfono consigo que el tiempo se detenga. Las horas, literalmente, no pasan, creedlo, aunque me fastidia que cuando llego a casa el reloj de la pared siempre, siempre, se ha adelantado. Debería comprar otro o ignorarlo. Creo que eso será lo mejor, ignorarlo, ya que nadie es perfecto. Desde luego que yo no lo soy, pero tampoco estoy obsesionado con la perfección, ya no.

Soy titiritero, y cuando me aburro muevo los hilos de las marionetas imaginarias y nos reímos, ellas y yo, como auténticos locos. Recreamos amores imposibles, juegos con criaturas fabulosas y todo tipo de ficciones. Y me pregunto quién quiere un amigo de verdad cuando tiene un buen puñado de mejores amigos invisibles. Aunque es justo reconocer que los amigos de carne y hueso también son adorables. Sí, me gustáis. Yo os quiero, aunque pase más tiempo con los amigos imaginarios que con vosotros.

Soy decorador de interiores y diseño y rediseño cada día un espacio donde antes solo había desconfianza, dolor y abandono en el que ahora mismo es el mejor hogar del mundo. Esta es una de las profesiones de las que me siento más orgulloso. Ojalá que dure para siempre. Ahora me gusta mucho más mi hogar y quienes forman parte de la familia. Ser familia es un sentimiento incuestionable, es algo que no ofrece ninguna duda. Yo sé a dónde y a quién pertenezco, digan lo que digan las partidas literales de nacimiento, los libros de familia o los registros civiles. La familia es un sentimiento que trasciende a la burocracia y a la ignorancia.

Soy ingeniero aeroespacial y también astronauta y construyo y viajo en naves espaciales entre las diferentes dimensiones que conforman la existencia. Fliparíais con los saltos cuánticos, con la totalidad y el orden implicado, que diría Bohm, y con el vacío existencial. ¡La nada es una auténtica locura! Sin duda, la mejor creación de Dios. Me quito el sombrero ante su obra más magnífica. Dan ganas de ir y no volver. Pero la familia tira. Quizá algún día, cuando la familia pueda construir y volar en sus propias naves espaciales, y podamos reencontrarnos todos en la nada.

Soy basurero y recojo, reciclo y reutilizo la basura mental de los demás para que sus almas vuelvan a brillar. Algunos llaman a esta profesión «psicólogo», pero no es el nombre correcto. Basurero es una denominación mucho más acertada. Además, una vez que uno se acostumbra al olor de la tristeza y del miedo, el trabajo es superenriquecedor y muy gratificante. Y, curiosamente, con el estiércol que sacamos florecen las alegrías y las felicidades de forma extraordinaria. Lo único peligroso de este trabajo es acumular la basura en vez de reciclarla. Tened cuidado si algún día os decidís a ser basureros vosotros también.

Soy domador de circo y domo animales, almas, criaturas fantásticas y seres mágicos, y les enseño de manera implacable y metódica a hacer eso a lo que ellos no se atreven. Lo que más me gusta, sin embargo, es enseñarles a escaparse de sus jaulas y a vivir sin ataduras y sin cadenas, libres. Es verdad que al principio no quieren marchar y creen que no van a ser capaces. Pero, con un empujoncito, lo consiguen y nunca vuelven. ¡Qué felicidad verlos así de contentos ahí, en la libertad!

Soy maestro cerrajero y abro cerraduras imposibles que abren no solo las puertas del cielo, sino también las del mismo infierno. Luego que cada uno decida dónde quiere entrar. Ahí yo ya no entro. No es mi trabajo dirigir el camino de nadie. Cada cual sabe lo que guarda, oculta o protege en su caja fuerte y cuánto le cuesta llevar ese peso encima. Si quieren aligerar peso, que vayan a visitar al basurero o al domador de circo, por ejemplo.

Soy botánico, pero me confieso incapaz de crear nada más sublime de lo que ya ha creado la naturaleza. Ahí solo queda admirar su belleza y rendirse ante ella con total humildad y gratitud. Me doy cuenta de mi debilidad por el orden divino.

Soy astrónomo y veo nebulosas de colores hipnotizantes hasta con los ojos cerrados, a pesar de estar a millones de años luz de distancia. Para ello, solo uso el telescopio de la intuición. Y resulta que con la práctica uno va mejorando. Quizá debería utilizar también la intuición como microscopio de lo inconsciente. Tiene que ser fascinante observar la vida de lo minúsculo, de lo insignificante, de lo invisible, incluso de lo aparentemente inexistente.

Soy bailarín de *ballet* clásico y doy vueltas sobre mi cabeza al ritmo de *hip hop* mientras Miguel Ángel hace el escorpión sobre un trozo de sintasol en medio de una placita rodeados de curiosos. Algunos hasta nos piden que les firmemos un autógrafo. ¿A quién no le gusta ver a otro ser humano bocabajo girando sobre su cabeza? ¡Es hipnótico! Y es muy divertido.

Soy gasolinero de aquellas gasolineras de los años setenta, de esos que llevaban una cartera de cuero colgada con una bandolera llena de pesetas y vestían un mono azul lleno de manchas y de remiendos y unos zapatos negros destrozados de pisar los charcos de gasolina y el serrín que vertían encima. Y lo soy porque soy adicto al olor a gasolina con mucho plomo de los años setenta y porque aún recuerdo al gasolinero de mi infancia, un ser que me resultaba entrañable, a pesar de que jamás nos sonriera ni a mí ni a mis hermanos cuando íbamos los cinco en el Seat 600 que conducía nuestra madre después de recogernos en el cole. No hay ninguna otra explicación. Eso, y que el gasolinero debía medir, como mucho, un metro cuarenta de alto, lo que para un niño de cinco años era como verse a sí mismo jugando a ser gasolinero. Será nostalgia.

La realidad es que veo la realidad de forma diferente a como la ven los demás. Eso ha sido así desde que nací y cada día, por lo que se ve, va a más. Gracias a Dios.

Así que no os cortéis y llamadme loco, pero en verdad os digo que soy como soy, y donde los demás ven dos hijas yo reconozco a dos ángeles, dos seres de amor puro, igual que todas sus amiguitas. Y que donde los demás ven una obligación, veo una oportunidad de amar y de ser amado. Y donde los demás ven monotonía, veo detalles que nunca antes había percibido y con los que, como dirían Al y su amiga Siotis, «alucino pepinillos».

Por eso digo que deliro, porque donde los demás ven una roca, yo veo la verdad de la roca e intento darle forma como el escultor al bloque de mármol para que los demás puedan verla también. Porque yo miro al cielo y lloro de felicidad ante tanta belleza. Porque miro un árbol y tengo que sentarme en el suelo completamente extasiado y no puedo evitar levantarme a darle un abrazo y sentir su amor. Porque veo un gorrioncito en el alféizar de la ventana y sé, porque lo sé, que es un ángel asegurándose de que somos felices. Porque yo también veo ángeles mirándonos atentamente y con amor infinito cuando estamos los tres juntos. Y se les ve felices —a los ángeles—.

Me gustaría que los demás pudieran ver el mundo como es y no como ellos lo ven. Porque, en el fondo, me da pena verlos tan tristes, tan solos, tan aburridos, tan confundidos y con tanto miedo cuando la realidad es que el mundo es un lugar mágico, lleno de música maravillosa, de criaturas mágicas y de amor infinito.

Y sí, sé que parece completamente loco, pero, sinceramente, no me importa y espero que a vosotros tampoco y que podáis, quizá, algún día verme con mis ojos, aunque no lo comprendáis.

Sed locos o cuerdos, esa es vuestra decisión y vuestra vida, vuestra libertad o vuestra cárcel, vuestra alegría o vuestra tristeza, o todo a la vez, pero permitidme, por amor, seguir siendo como soy. No intentéis cambiarme, no intentéis quitarme la locura, porque eso es lo que soy, esa es la esencia y la verdad en mí.

Sueños transcritos

A continuación, se presentan algunos sueños sin ningún propósito.

Me dice: «Tú tenías que haber tenido un unicornio azul». Un unicornio azul supuestamente significa equilibrio emocional, estado emocional sosegado, ecuánime y analítico, éxito en nuestros proyectos.

¿Serán ángeles? Pelo liso, rubio casi blanco, con flequillo tipo tazón, gorro negro o azul de lana sin pompón, o sin gorro, chaqueta de chándal del color azul, pero no azul marino, ajustada, con cremallera y camiseta interior de color negro, o no, corriendo, haciendo deporte. Me ve, se para, me sonríe, y me dice algo así como «vamos», ojos grandes verdes o azules, sonrisa grande, dientes blancos, iba en grupo con otros corredores, podían ser soldados entrenando. Estatura media alta, cuando se para me mira desde arriba, como si yo estuviera sentado en el suelo y me conociera, no la reconozco, pero siento que la conozco desde el inicio de los tiempos, cuerpo atlético, fuerte, vital, sana, transmite paz, serenidad, confianza, sonríe un momento, pero es seria también, tienen un propósito, no corren por correr, forman parte de algo.

Yo al café lo llamo *yussuf*.

(3 de noviembre de 2021)

Extraterrestre abriendo un portal al universo con sus manos a través de una consola en círculo y el agujero del portal en medio. Blanco, bajito, ojos grandes y oscuros.

Visión de mi propio feto y del corazón y el cuerpo por dentro de mi madre.
Sillón en medio de la nada. La nada y no ser.
Un salón enorme con cristaleras de suelo a techo, lloviendo, estanterías con libros y sofás viejos de piel marrón oscuro.
Un buda. Emisión de amor al mundo.
Emisario = persona enviada a un lugar para llevar un mensaje, tratar un asunto o mediar en una situación.

Amor en forma de un remolino de aire y energía que penetra a través de «ella» y la acaricia en la cara y en la nuca y la envuelve.

Petición de señales y de conocimiento.

Una pareja abrazándose, con forma humana de energía azul muy intensa, en medio de dos galaxias que giran lentamente alrededor de la pareja. Parece que el amor de la pareja crea las galaxias, que las galaxias nacen del amor de la pareja.

(17 de noviembre de 2021)

Él habla a través de esenciales.

(21 de noviembre de 2021)

Seré más emisario que nunca.

Aristide.
Arístides, significado = hijo del mejor.

Desde la esfera, uno condensa energía y crea la materia. Y de la misma manera puede descondensar la materia y generar una esfera de energía en expansión. ¿Será el *big bang* la desmaterialización de la masa para convertirse en energía?

Los propios seres de luz desconocen si existe un Dios o un ser superior o supremo. En eso están igual que nosotros, aunque creen que sí que existe. Están explorando con la materia, porque sospechan que quizá esta fue anterior a la energía o, al menos, muy muy antigua o tan antigua como la propia energía.

Uno ha visto en sueños cómo toda construcción material se hace con una especie de estanterías que se montan unas sobre otras, como cajas de madera donde la madera forma la estructura y las paredes están hechas de números y de letras de color verde, tipo *matrix*, que representan códigos que le dan las propiedades que luego tiene la materia.

Uno ha pedido en sueños regresar ya a la luz, pero parece ser que aún le queda tarea pendiente aquí: que la materia comprenda su origen de luz en función del nivel de conciencia que tienen.

Durante un sueño, se ha abierto un portal inter-dimensional y un hombre con aspecto de oriental, quizá de origen chino, con algo de barba, una espe-cie de túnica de color rojo, o naranja muy gastado, sobre una camisola grande blanca, con algo en la ca-beza, como un trapo negro, me ha entregado un ob-jeto poniéndolo en mis manos. Me ha dicho que ese objeto me ayudaría a avanzar en mi transformación e inmediatamente después se ha cerrado el portal, sin apenas tener tiempo para darle las gracias. Era un objeto metálico, como de plata, del tamaño de un llavero grande, ligero, formado por tubos metálicos huecos de diferentes longitudes, dispuestos de for-ma circular y paralelos entre sí. Los tubos se situa-ban dejando un espacio central entre ellos, donde habría algo que los unía. Me recordaba a una nave espacial, aunque cabía en mis manos.

Pirámides de luz, vértices de conciencia.
«¡Vuelve! Gabriel, vuelve».
Vuelvo deshecho, roto.

El bajo astral es viscoso, pegajoso, denso.

9. Sustantividad

Sustantivo: que tiene existencia real, independiente, individual.

Sustantividad: existencia real, independencia, individualidad.

Solipsismo: doctrina filosófica que defiende que el sujeto pensante no puede afirmar ninguna existencia salvo la suya propia.

Desde este estado de conciencia, la mente del yo no puede negar ni confirmar ninguna existencia, ni tan siquiera la suya propia.

Pienso, luego miento.

Estar enamorado es un sentimiento generado en la mente del yo. Amar es una fuerza generada en la esencia, una actividad de la esencia, si acaso no es la esencia pura.

La mente del yo es la que está enamorada, mientras que la esencia es la que ama, siendo amor.

Alma = ama.

El amor es la huella de la invisible esencia. El amor es la prueba de la existencia de algo que trasciende al yo. La única verdad que la mente del yo puede reconocer es el amor o su falta. Y para reconocer esa verdad no hace falta recurrir a ninguna religión, a ninguna escuela, ni leer ningún libro.

Lo que es, es, al margen de que la mente del yo lo comprenda, le guste o lo acepte. Ni la ignorancia sobre lo que es, ni el juicio sobre lo que es, ni la aceptación de lo que es, cambian lo que es.

Se es libre, no se está libre. La libertad es sustantiva.

El yo puede secuestrar la conciencia, pero no puede eliminar su sustantividad. No es Buda, es la budeidad. No es Jesucristo, es el ser cristiano.

Nim hakim khatrai jan. Nimmulla khatrai iman.

Es decir, un «medio médico» es un peligro para la vida; un «medio sacerdote» es una amenaza para la fe.

¿Acaso la pareja, los amigos, los padres, los hijos no son formas de posesión? ¿Y refugios?

Posesión, refugio = seguridad.

Uno no es el yo

La mente del yo sigue buscando perpetuarse en este mundo, y para ello no escatima en gastos ni se para a pensar. Además, es una depredadora. Depreda todo y a todos para sobrevivir. Los demás, lo demás, es el botín.

La mente egoica no está al servicio de los demás, solo al servicio de sí misma. Y no va a dudar ni un segundo en depredarte. Uso y disfrute es su manera de relacionarse con el mundo.

El usufructo del mundo e, incluso, la nuda propiedad. El ego no tiene ninguna intención de dar, o de darse, de aportar ni de aportarse. Solo quiere tomar, adquirir, ocupar, poseer, invadir, dominar, utilizar, explotar. Ahora mismo quiere expandirse más allá de la mente del yo con el único fin de expandir su dominio y su control sobre el más allá. Es posesión, dominio, explotación, uso y abuso.

Y esa es la mente del yo, pero uno no es la mente del yo.

Uno no es el yo.

No eres tú, es el yo.

El yo, ya lo dijimos, es un alien que habita en la mente del yo. Es una fuerza alienígena que controla, esclaviza la mente del yo.

El yo, además de explotador, es cobarde. No se expone al dolor, evita los riesgos, se aísla ante la amenaza, se encierra en sí mismo cuando se siente en peligro, se queda inmóvil y asustado mientras dura la amenaza.

Uno no es el yo.

Uno no es egoísta, explotador ni cobarde, aunque el yo sí lo sea.

Respirar. Pedir ayuda. No estamos solos.

Relaciones mentales

Hace años, hicisteis dejación de funciones y hoy la mente del yo no os percibe como un padre ni como una madre. Hace años, el ego y el rencor se apoderaron de vuestra mente, dejando de vibrar en amor y compasión.

Hay agradecimiento profundo hacia el amor mientras fue amor.

Hace años, la mente del yo también hizo dejación de funciones como hijo.

La mente del yo reconoce que el ego y el rencor también se han apoderado de ella y que también ha dejado de vibrar en amor y compasión, porque cuando la vibración en amor y compasión no es constante, es conciencia de amor, no amor sustantivo. Aun así, la mente del yo desea que aquellas otras mentes a las que identifica como padre y madre sean mentes felices, si eso es posible para alguna de ellas.

En ciertos momentos, escuchando cierta música, paseando, estando en silencio, la mente del yo se siente plenamente feliz. Y espera que aquellas otras mentes sientan lo mismo alguna vez, sean conciencia de felicidad.

Respirar. Pedir ayuda. No estamos solos.

La noria y la vida

¿Qué nos trae hoy aquí? En la búsqueda está el distanciamiento de la paz. Solo en el silencio de la mente está la paz. Si buscamos paz, como ya se dijo más veces, encontraremos agitación. Podemos probar a comprender la agitación y quizá así descubriremos la paz.

¿Qué trae hoy a la mente del yo aquí? Otras la han traído aquí, la mente del yo nos ha traído aquí buscando respuestas, buscando paz, buscando eternidad. Y o dejamos todos de buscar o nos perderemos. Estamos subidos en su noria, dando vueltas sobre el mismo eje y no nos damos cuenta de que para dejar de dar vueltas hay que abandonar la noria, hay que bajarse y trascenderla.

La paz es un vacío de expectativas, de deseos, de suposiciones, de conocimientos, de identificación, de palabras, de pensamiento, de racionalización. Lo demás es la rueda de la noria. La calma es más allá de la noria, al margen de la noria; el ego es quien controla la noria.

Noria viene del árabe *na'urah*, que significa «crujir» debido al ruido que hacía al girar para sacar y verter el agua. Su crujido es el sufrimiento. El agua que recoge y que vierte la noria son las sensaciones y sentimientos que fluyen por el río de la vida. La mente del yo son los baldes que recogen y vierten dichas sensaciones y dichos sentimientos y los convierten en ideas y deseos que trasladan de un lugar a otro buscando respuestas de forma incansable, sin cesar. La mente del yo es el procesamiento de todos esos sentimientos y sensaciones, es la generación del pensamiento, de las ideas. Con cada crujido sentimos dolor, angustia, ansiedad y miedo.

La mente del yo que busca la paz quiere detener la rotación y para ello gira cada vez más rápido con la idea de vaciar de agua el río, de secarlo para así poder dejar de girar, poder detenerse. Pero es evidente que, por más rápido que gire la noria, nunca va a conseguir secar el río de la vida.

El río es la vida y la noria, la mente del yo.

La noria, que es la mente del yo que busca respuestas y satisfacciones, quiere sacar toda la vida que pueda, sus sensaciones y sentimientos, a base de girar y girar sobre sí misma. Y el ego es el que, con su fuerza de voluntad y su violencia, intenta controlar la velocidad a la que gira la noria, intentando incluso detenerla cuando ansía la paz. Pero el caso es que intentar detener la mente del yo es como intentar detener la noria. La fuerza de la vida, la fuerza del agua, generará una tensión extraordinaria que terminará por dañar la noria, que no puede detenerse nunca y ha de girar al ritmo de la corriente. No hay nada que el ego pueda hacer. Sin embargo, podemos darnos cuenta de que no somos el balde de agua movido por la corriente.

Uno puede dejar de identificarse con el balde de agua, darse cuenta de que la noria es la mente del yo y el río es la vida. Puede darse cuenta de que no es la noria, dejar de identificarse con la mente del yo.

Uno puede ser testigo del movimiento perpetuo y circular de la noria y del movimiento incesante del río, y no identificarse ni con la noria ni con el río. Puede darse cuenta de que somos mucho más allá de la noria y del río, y en ese darse cuenta podríamos encontrar la paz, porque somos, aunque no seamos lo que la mente del yo cree que somos.

Conciencia.

Mientras oigamos el crujir de la noria y no nos identifiquemos con su ruido, estaremos en paz. La noria seguirá girando mientras la vida siga fluyendo, pero habremos dejado de sentirnos, habremos ido más allá de nosotros mismo, y observaremos ese movimiento desde el vacío de la no-existencia mental, trascendidos.

Podemos probar a elevarnos sobre nosotros mismos, coger altura, mirar con perspectiva, observar la noria desde el cielo, observar la mente del yo y su movimiento circular. Intentar penetrar en nosotros mismos, profundizar, explorar, adentrarnos, prestar atención, sumergirnos incluso en el río y experimentar la vida y su movimiento lineal sin ofrecer resistencia, fluyendo. Porque la noria y el río existen de esta manera únicamente porque la mente del yo los ha creado.

Estamos más allá de la noria y del río, de la mente del yo y de la vida que percibe la mente del yo.

Cuando uno se da cuenta de que es, cesa el movimiento. Lo que uno es no puede ser comprendido por la mente del yo. Somos algo que está más allá de la mente del yo. Un misterio indescifrable para la mente del yo. Y, sin embargo, somos aquí y ahora, somos aun sin saberlo.

El camino es el que es.

No entendiendo.

¿Ser o no ser?

Ya somos, no hace falta desear nada más.

Solo existe el verbo. No existen ni el sujeto ni el predicado. O quizá tan solo sea la palabra, a secas.

«En el principio era el verbo, y el verbo estaba en Dios y el verbo era Dios», así arranca el Evangelio de Juan (1:1) en la versión que hemos leído durante generaciones. Ahora, en versiones contemporáneas, y no sin arduos debates sobre esa sentencia fundacional, sobre la que han corrido ríos de tinta, y no solo entre creyentes o exégetas, se impone también leer: «En el principio era la palabra, la palabra estaba con Dios, y Dios mismo era la palabra». Después de aquello, de esa gran imagen, de esa gran metáfora sobre la primavera de la vida, de la creación, de la evolución —cada cual es libre para creerlo a su manera—, viene el ser, y con ello el caminar.

«Caminante, no hay camino, se hace camino al andar», escribió Antonio Machado, forjando una sentencia que se ha introducido en nuestro pensamiento —y hasta en nuestro hablar coloquial del día a día— con apabullante naturalidad. Todo forma parte de lo mismo, todo está conectado con el camino. Seguimos.

Solo existe el andar. No existen el caminante ni el camino. Sí ser, andar, amar.

Somos fuerza en acción. O, al menos, conciencia de esa fuerza.

«En el principio era el verbo...», y el verbo es palabra que indica acción.

Verbo, cristianismo, Jesús. «Y aquel verbo fue hecho carne, y habitó entre nosotros y vimos su gloria, gloria como del unigénito del Padre, lleno de gracia y de verdad» (Juan 1:14). La acción de Dios pasó también a ser acción humana. Dios-verbo era antes de ser la humanidad y Dios-verbo es al ser humanidad. Dios es y uno es. Y uno es conciencia de ese ser.

Quizá el ser no sea sino la esencia de Dios y la esencia del ser humano, o quizá la esencia sea el ser conciencia de lo que es.

¿Y si ese fuera todo el misterio, que simplemente somos?

¿Pero qué somos? ¿Qué es Dios? No lo sabemos. Pero sí somos conciencia de que somos, y de que Dios es. Sabemos que somos, aunque tampoco podamos explicarlo. La mente del yo no puede comprender ni explicar la existencia de lo que somos, de lo que es, pero podemos saborear esa existencia e intuir la no-existencia, ese ser o no ser.

Ser la mota de polvo en el espejo.
La gota que escurre por la hoja.
El delicado aleteo de la mariposa.
El trueno que retumba en la noche.

Finalizamos este capítulo con unas breves reflexiones sobre ser y hacer.

No es lo mismo meditar que meditación.

Meditar es lo que uno hace y meditación es lo que es.

Meditar es una acción y meditación es sustantivamente.

Amamos el desierto en el desierto, el mar en el mar, la noche en la noche y a Dios en todas partes.

El camino es el que es.
Gratitud.

10. Sabiduría

Teología apofántica: renunciar a saber lo que es Dios. Saber no sabiendo. Conocer no conociendo. Entender no entendiendo.

Quien no prueba, no sabe.

RUMI

Sabiduría es la capacidad de saborear lo cotidiano y lo no tan cotidiano. Consiste en darse cuenta de lo que es y amarlo tal y como es. Inteligencia es la capacidad de entender las relaciones lógicas que existen entre los distintos fenómenos, mientras que sabiduría es la vivencia profunda y consciente de las relaciones que todos esos fenómenos tienen con lo incomprensible. Sabiduría es la comprensión profunda de la obra de lo incomprensible en todo y en todos.

Las cuatro estaciones del amor son humildad, gratitud, sabiduría y compasión. Vale la pena darle una línea a cada una.

Humildad.

Gratitud.

Sabiduría.

Compasión.

La mente del yo se da cuenta de su total ignorancia, de la completa incoherencia, del absoluto desconocimiento sobre cualquier significado de esto a lo que llama vida. Y, a pesar de ello, la mente del yo percibe que hay vida, una vida brutal, salvaje, impredecible, incontrolable, increíble, asombrosa, indescriptible.

La vida no nos pertenece, ni a la mente del yo, únicamente tenemos la capacidad de darnos cuenta de esa vida que no nos pertenece, ni controlamos ni comprendemos. Conciencia de vida.

Ignorancia es lo opuesto a sabiduría. Si la sabiduría es la experiencia de saborear, la ignorancia es la inexperiencia de saborear. Aunque ya sabemos que hablar de opuestos es permanecer en la ignorancia.

En el momento presente, se concentra todo el conocimiento que la mente ha ido adquiriendo desde que se formó como mente. De la misma manera, en el momento presente se concentra toda sabiduría que la no-mente ha ido saboreando en el presente eterno.

No existe el sabio, existe la sabiduría.

Lo llaman maldad y parece maldad, pero realmente es simple ignorancia. Maldad, fallo, mal funcionamiento, trastorno... Simple ignorancia.

Ignorancia es la comprensión limitada o incorrecta de los hechos vividos, mientras que sabiduría es la comprensión total y eterna.

El yo es ignorancia, la esencia es sabiduría.

El yo y su ignorancia terminan con la muerte, mientras que la esencia y la sabiduría perduran tras ella. Si reconocemos la sabiduría universal en esta vida, tras la muerte nos reconoceremos a nosotros mismos en esa misma sabiduría universal.

La mente del yo cree que esta vida sirve para familiarizarnos con la verdadera esencia, para reconocernos en la sabiduría universal. Cree que estamos volviendo a reconocernos como sabiduría. Y esta fluye y fluye, también a través de nosotros, pero el yo le pone límites y no permite que discurra libremente.

El ignorante no sabe cómo son las cosas. El listo se da cuenta de cómo son las cosas y actúa pensando en su propio beneficio. El inteligente se da cuenta de cómo son las cosas y actúa pensando en su propio beneficio y en el de los demás. El sabio se da cuenta de cómo son las cosas y actúa según el orden de las cosas, sin pensar en obtener ningún beneficio ni para él mismo ni para los demás, simplemente porque es ajeno a su propia existencia.[5]

---

5 No es intencionado, pero sí inevitable, establecer una comparación aquí con las categorías de las que habla Carlo Maria Cipolla en su irónico y brillante *Las leyes fundamentales de la estupidez humana,* donde establece cuatro caracteres generales —incautos, inteligentes, malvados y estúpidos— en función de la pérdida y el beneficio sobre uno mismo y los demás de las acciones del sujeto de turno. Así, una acción con la que alguien obtiene un perjuicio, pero causa un beneficio en otro, es obra de un incauto. Alguien cuya acción le procura un beneficio tanto a él como a los demás está actuando de forma inteligente. Si el sujeto lleva a cabo una acción por la que

¡Alegrémonos! ¡Es la era del karma!
El camino es el que es.
Non intelligens.

---

obtiene ganancia, pero ocasiona pérdida, del tipo que sea, a otro, está actuando como un malvado. Un simple ladrón sería el ejemplo clásico de malvado, pero importa resaltar que cuando se habla de pérdida o de ganancia no se debe pensar solo en el aspecto material, sino también en el moral, emocional, etcétera. En cuanto a la cuarta variable, el estúpido: una persona estúpida es aquella que causa daño a otra persona, o grupo de personas, sin obtener, al mismo tiempo, un provecho para sí, o incluso obteniendo un perjuicio.

11. Mística

Mística es la experiencia que trasciende al yo.

L a divinidad es una cuestión de experiencia personal. No es lo mismo creer que ser religioso.

Lo incomprensible en todas partes

El 20 de octubre de 2020, en el Hotel Sur del aeropuerto Shanghái Pudong, a eso de las doce de la noche de Madrid, seis de la madrugada del día 21 en China, lo incomprensible me hizo un regalo. O eso cree la mente del yo.

Estaba escribiendo sobre el amor y la importancia de amarse a uno mismo, permitiendo que la fuerza de lo incomprensible, que es nuestra esencia, sea vida en nosotros. Y, de repente, como otras veces, sentí el amor de lo incomprensible, percibí cómo lo abrazaba, y no podía dejar de llorar. Ahogado por el propio llanto, me levanté de la cama y fui al baño a sonarme para poder respirar. En ese momento, sentí como si lo incomprensible me estuviera llamando desde el espejo del baño. Me giré y vi reflejada en el espejo la imagen con la que la mente del yo se identifica. Sin embargo, no era yo el que se miraba desde aquella imagen. Vi lo incomprensible mirándome directamente a los ojos, que eran de un verde intenso, y su amor era tan profundo y tan grande como la vastedad del camino. Me fijé en que tenía el pelo castaño y unos rizos muy graciosos. Sonreía con amor y decía, sin palabras, que estaba feliz de verme. Yo sonreí de vuelta y estuve un buen rato mirándolo fijamente a los ojos. No podía apartar la mirada de la suya. Sentí paz, me sentí completo, seguro, sin miedo. Sobrecogido, le di las gracias por presentarse y, de alguna manera, supe en ese instante que él siempre ha estado ahí y que siempre va a estar justo ahí, al otro lado del espejo.

Es probable que no necesitemos ningún espejo para que lo incomprensible se comunique con nosotros. Uno intuye que simplemente lo incomprensible está allí donde somos capaces de verlo. Gracias por esta experiencia, que sé que no podré olvidar nunca. Uno ama y se entrega. Vacío y pletórico a la vez, he vuelto a la habitación y me he dado cuenta de que se había hecho de día. Soy feliz, siento la felicidad desbordada de un enamorado multiplicada por infinito, soy felicidad infinita. Gratitud.

La pax de lo incomprensible

La presencia de lo incomprensible en uno es tan intensa en este instante que no puede dejar de llorar. Le pide a lo incomprensible por todas las almas, por todos los seres sintientes y por la Tierra.

Le pide para que el mundo recupere la inocencia. Llora con todo el sufrimiento de la humanidad. Llora con aquellos que lloraron por nosotros. Y siente a lo incomprensible dentro. Nota su amor, y cuando accidentalmente las manos rozan la cara, nota cómo son sus manos las que le acarician a uno con su amor. Nota cómo quiere que uno sea feliz y cómo se alegra cuando ve que solo desea que los demás reciban su *pax*. Nota que está contento cuando uno piensa en los demás y, al hacerlo, al pensar en los demás, uno lo nota más cerca.

El amor por el prójimo es parte del camino. Pedimos perdón a todos los que hemos herido y pedimos a lo incomprensible que sea especialmente benevolente con aquellos que nos hirieron. Pedimos por todos ellos para que sean los primeros en recibir la *pax* de lo incomprensible. Podemos sentir el dolor y el sufrimiento de toda la humanidad, pasada y presente y le pedimos a lo incomprensible que nos inunde con su *pax*. Y de alguna manera nos sentimos. Uno no quiere que lo incomprensible le abandone nunca. Uno está enamorado de lo incomprensible. Es todo tan dulce... Gracias.

Oración

Uno alzó la vista al cielo suplicándole a lo incomprensible que le ayudara. En ese momento, lo incomprensible le dijo: «Hijo, vuelve la vista hacia el interior, ahí me encontrarás».

Conexión

Uno ha vivido un instante de total conexión con «lo que es» y durante esos milisegundos el tiempo se ha parado y la totalidad era todo. La mente no es capaz de describirlo con palabras. Se ha sentido paz total. Uno no era uno, era paz, pertenencia, quietud. Solo han sido unos instantes, pero uno los ha sentido como si fueran la eternidad. Estaba fuera del tiempo. Se ha abierto un agujero en el espacio-tiempo y uno ha entrado en un universo atemporal, de pura paz. Uno quiere volver ahí, pero entiende que el hecho de querer repetirlo le impide regresar. Uno lo anhela, pero comprende que ese deseo le impide regresar. Lo recuerda perfectamente, pero sabe que el hecho de recordarlo contamina ese momento y lo aleja de él.

En estos últimos meses he tenido varias experiencias de conexión con el presente y también alguna de conexión total con la totalidad, y ambas experiencias parecen como recuerdos de otra vida, como vivencias de otro ser, historias que me hubieran contado, vidas de otras personas. Es extraño este estado de disociación, de trascendencia, en el que el yo no se identifica con esa mente donde ocurre toda la experiencia. Sin embargo, cuando se alcanzan esos estados de conexión con lo que es, no nos sentimos otra persona, no echamos de menos al yo ni nos acordamos de él. En ese estado de conexión con lo que es uno, dejamos de ser yo, dejamos de estar condicionados, de ser memoria y recuerdos para ser lo que somos, y el sentimiento es increíblemente agradable, de paz total.

Lo incomprensible

Nada hay en mí que sea mío.

Lo incomprensible nos vacía de ego y nos llena de amor.

Lo incomprensible nos arranca el miedo del pecho. Nos libera del ego enviándonos andanadas de amor.

Extasiados por su fuerza, ya solo queda llorar y evaporarse en amor.

No hay resistencia posible a su presencia.

En verdad, el reino de lo incomprensible no es de este mundo. Doy fe.

Y una vez que sientes su amor, jamás vuelves a sentirte solo.

Iluminación es darse cuenta de que nada de esto nunca se trataba de ti, siempre se trataba de lo incomprensible.

Uno, seguramente equivocado, percibe a Buda como paz y comprensión total, mientras que percibe a Jesús como compasión y amor por la humanidad. Ambos son amor puro.

12. Iluminación

*Iluminación es la aceptación de
la naturaleza humana y divina.*

Hablar de iluminación es no haber comprendido nada. A continuación, algunas realizaciones sobre la incomprensión de eso a lo que llamamos iluminación.

A pesar de la omnipresencia del ego, este puede desaparecer en el instante en el que uno abra los ojos y vea.

Naturaleza humana

La mente del yo cree que la aceptación de la naturaleza humana supone ver la verdad aquí y ahora. No es nada esotérico, espiritual ni religioso. Se trata de vivir la experiencia humana acorde con las capacidades de cada uno, aceptarse por completo y asumir todo lo que ocurre tal y como ocurre, lo comprendamos o no. No se trata de entender el porqué ni el para qué, solamente se trata de aceptar lo que es, tal y como es y de si hay amor o no. Consiste en recorrer el camino según la naturaleza de cada uno. Comprender que lo que hacemos es lo único que podemos hacer.

¿Acaso eso significa que no podemos cambiar?

La mente del yo cree que si cambiamos es porque en la naturaleza de uno está ese cambio, y si no cambiamos es porque no está ese cambio, al menos en este momento.

¿Cómo afecta la fuerza de voluntad?, ¿qué importancia tiene?

La mente del yo cree que no tiene ninguna importancia y, sin embargo, la tiene toda. Cuando somos capaces de tirar de fuerza de voluntad es porque en la naturaleza de uno está tirar en ese momento de fuerza de voluntad y cuando no podemos, simplemente no podemos porque esa es la naturaleza de uno.

Pero la mente del yo cree que siempre podemos intentar comprender. Que si comprendemos la verdad de quienes somos, de nuestra naturaleza, estaremos vibrando en armonía con la energía única vibratoria. Que no tenemos por qué querer ser mejores de quienes somos ahora, si es que ahora no queremos ser mejores. Que tampoco tenemos por qué querer permanecer como estamos si hay un impulso en nosotros que nos empuja a movernos. Y que no tenemos por qué querer avanzar si hay algo en nosotros que nos lleva a no hacerlo. Que podemos intentar comprender que lo que hacemos es lo único que podemos hacer en este momento. Que quizá mañana podremos hacer algo diferente, pero teniendo claro que en verdad el mañana no existe, ese pensamiento no parece muy relevante. Que podemos vivir hoy, hacer hoy o no hacer eso hoy, porque estamos haciendo otra cosa o simplemente, en apariencia, no estamos haciendo nada.

La mente del yo se da cuenta de que siempre estamos haciendo algo en el momento presente, aunque sea ver la tele o respirar. Entiende que esa es la verdad y que eso es lo único que podemos hacer en este momento, porque es eso exactamente lo que estamos haciendo, lo que somos ahora mismo. ¿Eso significa que vamos a estar toda la vida sentados en el sofá viendo la tele? Teniendo en cuenta que no existe el futuro, esa pregunta parece no tener respuesta. La verdad es la que es en este momento. Y podemos intentar aceptar la verdad, la verdad del momento presente, porque es la verdad de quienes somos ahora y nos explica perfectamente cuál es nuestra naturaleza.

La mente del yo se da cuenta de que podemos intentar no luchar contra nosotros mismos o sí luchar, si eso es lo que hacemos. Que sea lo que sea que hagamos, siempre podemos simplemente intentar observar y aceptar. Que no podemos hacer nada diferente a lo que estamos haciendo. Que no hemos sido creados para hacer nada diferente a lo que estamos haciendo ahora mismo. Que quizá mañana cambie nuestra vida, pero entendiendo que mañana no existe, ese pensamiento parece, una vez más, no expresar más que un deseo o un temor, pero no una verdad. La mente del yo cree que lo único real es lo que estamos viviendo en este instante. Y que podemos intentar centrarnos en eso y hacer lo que hacemos ahora, porque ahora no podemos hacer nada de forma diferente.

¿Acaso eso significa que no podemos decidir? No, o eso creemos. De hecho, la mente del yo se da cuenta de que decidimos a cada instante, pero que al final siempre hacemos una única cosa: eso que hacemos. Y que podemos intentar centrarnos en eso que hacemos porque esa es la verdad, eso es lo único que podíamos haber hecho. Que hemos decidido y que ya hemos hecho. O que no hemos decidido y que también hemos hecho. Que siempre hacemos, aunque creamos que no. Y que lo que hacemos es lo único que podíamos haber hecho. Es lo único que es, es la única verdad. Eso cree la mente del yo.

El ego huye hacia el pensamiento, se esconde en él, evitando el aquí y el ahora.

Percibir cualquier cosa como ajena a nosotros es un síntoma de resistencia.

En cada nivel de conciencia, encontramos un nivel diferente de resistencia.

Observando las resistencias, vemos cómo se van diluyendo.

El camino nunca es lineal.

No entendiendo.

Naturaleza divina

Todo deseo, anhelo, necesidad o intención es una gratificación sustitutiva de la conciencia de unidad. Por eso solo sentimos gratificación hasta un punto, que siempre se nos queda corto, insuficiente.

Buscar eternamente es errar eternamente.

Sentimos que este presente no es perfecto. Buscamos otro presente. Como no aceptamos el presente, nos imaginamos otro mejor, dejando entonces de vivir en el único presente real, de tal manera que ni vivimos el presente ni vivimos lo que la mente imagina. Es decir, morimos.

Intuimos, como ya vimos, que el tiempo no pasa por nosotros ni a través de nosotros, que el tiempo está fijo y somos nosotros los que, al huir de nuestro presente, pasamos a través del tiempo. Y que ese viaje por el tiempo sucede porque estamos muertos. Porque cuando estamos vivos, en el presente eterno, el tiempo no existe.

La mente del yo cree que únicamente los muertos experimentan el paso del tiempo. La mente del yo se da cuenta de que el tiempo es una de sus creaciones, un sueño por el que creemos movernos cuando realmente estamos muertos.

En el nivel superficial de conciencia, nos proyectamos en el tiempo como proyectamos en los demás lo que no nos gustaba de nosotros. Proyectamos la huida del presente, creando con ello la ilusión de que el tiempo existe. ¿A dónde vamos cuando huimos del presente? Corremos hacia el pensamiento. Nos refugiamos en la mente del yo, siendo ella la que crea el tiempo.

Ocurre lo mismo que cuando estamos viviendo una situación estresante. En ese momento no aceptamos la verdad de lo que está ocurriendo e intentamos escapar. Si no podemos escapar físicamente, la mente se disocia y crea un mundo paralelo donde el suceso estresante ya no existe, donde nunca ha existido —como en un proceso de amnesia— y donde nunca volverá a suceder. No soportamos el presente y creamos un mundo paralelo en un tiempo paralelo. Todo es ficticio. Es un santuario inexistente en el que resguardarse, un lugar donde sentirse seguro. Realmente lo que estamos haciendo es morir, asesinar la existencia.

Dejar de vivir el presente implica no vivir.

Ese mundo imaginado, esa fantasía, puede parecer mejor que el presente, pero es un estado de muerte con sus propios personajes ficticios, sus condiciones ficticias y la ficticia ilusión de que existe el tiempo y este transcurre en nuestro beneficio.

La mente del yo se da cuenta de que la idea de que el tiempo lo arregla todo equivale a decir que la vida será mejor después de la muerte. Ambas ideas implican abandonar el presente eterno y sumergirnos en la dimensión del tiempo, una dimensión ficticia creada por la mente del yo donde esta puede generar las peores pesadillas y hacerlo de forma que parezca eterna. Por eso, iluminación consiste también en aceptar la naturaleza divina y vivir en el presente eterno.

La sensación de un yo separado y la sensación de resistencia son una y la misma cosa.

Publio Terencio Africano escribió el conocido *Homo sum; humani nihil a me alienum.* «Soy un hombre; nada de lo humano me es ajeno».

Iluminación: nada me es ajeno.

Si no somos capaces de disfrutar plenamente, en este momento, de la experiencia humana porque no hacemos más que pensar en lo que creemos que nos falta o en lo que creemos que nos sobra, tampoco vamos a poder disfrutar de las próximas experiencias, ya que incurriremos en el mismo error.

Solo en esta experiencia podemos, si podemos, bailar, cantar, reír, ser padres, tener amigos, ganar, perder... Podemos intentar disfrutarlo al máximo, porque este instante no se va a repetir.

Iluminación es «hacer vida» el pensamiento de que «nada me es ajeno».

No estamos solos.

Uno es todo y todo es uno

El camino nos quiere iluminados porque el camino y nosotros somos uno.

¿Por qué no probamos a pedir lo que queremos, ya que, si está en nuestra naturaleza, nos será concedido? Porque el que pide y el que otorga es Uno.

Pedid y se os dará. Pero también dad y recibiréis.

La realidad es la misma antes y después de iluminación, lo único que ha cambiado es la conciencia de la realidad, la capacidad de ver la verdad, conciencia del yo, conciencia del no-yo.

Después de la iluminación, uno comprende que uno, de alguna manera, es aquellos a los que la mente del yo identifica como padres, los ex, el amor largo tiempo olvidado, el odio reciente y la próxima reconciliación si la hubiera, la música que eleva el alma y el político que fomenta el odio, el vuelo de los pájaros, su canto lo mismo que sus cagadas, lo más sublime y lo más horroroso, el bien y el mal, la vida y la muerte, lo que comprende y lo que ignora, lo que ama y lo que odia, los supuestos opuestos y aquello que no se pone a nada.

Uno es todo eso y todo lo que es, fue y será. Uno es el tiempo, la energía, la física tradicional y la cuántica, la química orgánica y la inorgánica, las matemáticas, la biología, la psicología y la medicina, la religión, el deporte, la sociedad, las estrellas, las galaxias, los agujeros negros y los agujeros de gusano, un gusano, una babosa y un león comiéndose una cría de gacela, también la gacela pariendo a su cría; uno se come a sí mismo y muere y crece a la vez mientras se transforma. Uno es todo y todo es uno.

Y siendo uno, o al margen de ello, podemos ser también conciencia de la iluminación, es decir, del hecho de saborear que, aunque nos sintamos como una gota de agua, somos en realidad el océano completo, eterno e infinito.

El camino es el que es.

No entendiendo.

Fe: uno es obrado

El saludo habitual cuando nos cruzamos con alguien es: «Hola, ¿cómo estás?». Pero ¿acaso no debería ser?: «Hola, ¿cómo estoy?».

No me estás entendiendo = No me estoy entendiendo.

Podemos intentar abandonar el ego. Con amor, pero dejándolo ir.

¿Queremos sentirnos iluminados en este mismo momento? ¿Probamos a rendirnos a lo que es?

Todo sistema energético se controla mediante el movimiento. Cualquier otro tipo de control limita el movimiento, por ese motivo el control debería quizá permanecer supeditado al movimiento, y no al revés. Por su parte, la fe parece ser el compromiso adquirido con aquello que resulta descontrolado y desconocido. Tener fe pasa, probablemente, por abandonarse al capricho absoluto.

La vida basada en la fe se corresponde con la visión de «todo es como tiene que ser». Pero los límites del ego limitan la percepción del movimiento eterno y de la fe. La mente del yo se desespera al intentar controlarlo todo. Se desequilibra y se vuelve insensible cuando perdemos la fe en el origen supuestamente descontrolado e indefinido del mundo, de nosotros mismos.

Estamos en reposo, gozando, porque somos obrados. La actividad amorosa es fecunda porque somos obrados. Conciencia.

Uno es conciencia de Dios, de Unidad, de Todo, y también de las profundidades abismales, del miedo, de la ignorancia y del apego. Conciencia del yo, conciencia del no-yo.

El camino es el que es.

Fidedignum.

¿Acaso lo incomprensible también sueña?

¿Por qué querría lo incomprensible, siendo lo incomprensible, disfrazarse de hombre y olvidarse de sí mismo? ¿Por qué lo hace, si es que lo hace? ¿Si uno es lo incomprensible, para qué se manifiesta como hombre, como vida, alejado de uno mismo? ¿Será que no existe esta existencia humana y terrenal? ¿Es posible que siendo lo incomprensible uno esté teniendo tan solo un sueño, que esté sufriendo un delirio? ¿Es posible que como uno es lo incomprensible, uno sea capaz de crear un mundo infinito incluso cuando está soñando? ¿Será uno tan solo un sueño de sí mismo?

Reflexiones

La mente del yo se da cuenta de que la idea de lo que está bien o mal está fundamentada en lo que le conviene a la experiencia actual de la mente del yo, estando, por tanto, sesgada por sus necesidades. Y la mente del yo puede estar completamente equivocada.

La experiencia es verdadera en su plano de existencia, mientras que la sensación está contaminada por el pensamiento.

¿Existe una superconciencia que adopta forma humana y que desde ese momento va desarrollando el pensamiento y va dejando de ver la verdad, limitada por la mente del yo? La mente del yo, desde este plano de conciencia, no le encuentra mucho sentido a ese pensamiento.

Podemos intentar escuchar con atención lo que nos dicen los supuestos maestros, asegurarnos de entenderlo a la perfección, incondicionalmente, incluso hacerlo nuestro, y entonces olvidarlo todo y tan solo intentar vivir. Quizá eso también sea iluminación.

La mente del yo cree que amar es ayudar sin pedir nada a cambio, haciéndolo de forma desinteresada, sin esperar con ello obtener placer alguno. Hacerlo, por tanto, de forma libre, no condicionada por la cultura, la sociedad ni ninguna otra cosa, sin apego, sin deseo, sin miedo. Entonces, uno se pregunta: ¿de qué sirve amar?, ¿para qué amar?, ¿de qué le sirve a uno amar?, ¿por qué debería amar?, ¿para qué sirve el amor?, ¿se puede amar así?, ¿será uno incapaz de amar así?, ¿algún ser humano puede amar así? A uno solo se le ocurre que puede amar así quien siente al prójimo como a sí mismo, quien se identifica completamente con el otro, quien se siente uno con el otro y, además, se ama a sí mismo. En fin, quien ha trascendido el yo y comprendido que el amor no tiene ningún interés personal, que no se origina en el ego.

No tenemos que comprender aquello que no podemos comprender. Esa es la limitación del yo. Desde la mente del yo solo podemos aceptarlo o no.

Somos creación, gocemos de nosotros, gocemos.

Ningún acto doloroso se puede entender desde la inmediatez de cuando ocurre. Para comprenderlo es necesario trascenderlo, alejarse de él, alejarse del yo, ganar perspectiva, verlo en la totalidad. Ahí quizá recobrará sentido, y es posible que comprendamos su razón, su origen y su beneficio.

Uno se da cuenta de que aquel a quien uno llevaba tantísimo tiempo buscando no era otro que a sí mismo. Que lo incomprensible se hizo uno. Y que a través de este uno vamos a seguir descubriendo a los otros, que también son uno, que también son lo incomprensible y vamos a hacer que ellos también descubran su verdadera naturaleza, si eso es lo que tiene que ser.

Lo incomprensible no puede ser definido con palabras. Entonces no preguntemos qué es lo incomprensible, porque sencillamente no puede ser definido. Es como querer definir la música con palabras, podemos hacernos una idea de lo que es, pero hasta que no la escuchemos, hasta que no nos penetre, hasta que no nos convirtamos en música, no entenderemos realmente qué es la música.

¿Seres iluminados?

El infinito no tiene espacio ni tampoco tiempo, es incomprensible para la mente del yo. Y, sin embargo, es.

¿De qué vale buscar a lo incomprensible por ahí fuera? Lo incomprensible ya está en uno. Quizá sea hora de dejar de buscar y de empezar a sentir la infinitud.

¿Para qué rezamos, para qué meditamos? ¿Queremos alcanzar la paz eterna? Amar, solo eso, y si uno quiere sentir a Uno en lo incomprensible podemos, además, probar a reír, a bailar.

¿Queremos alcanzar verdadera iluminación? Podemos intentar comprender la verdad de quienes somos, solo eso. No querer ser alguien más, no querer tener nada más, no querer nada más, solo intentar comprender quiénes somos ahora, amarnos como ya somos, no buscar más, no querer ser diferentes, mejores, ni cambiar ni transformarnos ni crecer ni evolucionar. Conciencia de este plano de conciencia.

No desear que el mundo sea diferente a como es, tampoco que los demás sean diferentes a como son. Probar a comprenderlos tal y como son. Amarse uno como ya es, porque, así como uno es ahora, es perfecto, y ellos también lo son. Porque es posible que la comprensión de la perfección de quienes somos ahora y del mundo que nos rodea nos transformará en algo desde donde podamos seguir transformándonos para ayudar a los demás a darse cuenta de su propia perfección y así transformarnos juntos en algo diferente, pero igualmente perfecto y divino.

El camino nunca es lineal.

No entendiendo.

El infinito en un objeto cotidiano

Resulta excitante reconocer el infinito en cada lugar a donde uno mira, en las paredes del salón, en la vitrina donde se guardan los objetos más queridos, en aquellas mentes a las que la mente identifica como hijas, amigos, y en aquellas otras mentes que en la actualidad le hacen sentir mal a la mente. De alguna manera, uno ve el infinito en todas ellas y en todo, y eso resulta no solo excitante, sino emocionante, reconfortante, nos hace sentir en paz, reconciliados, incluso infinitos.

Uno se proyecta en ellas, en todo, y vive a través de ellas, de todo. Y ríe con ellas y llora con ellas y es ellas y entiende que es todo y todos y es feliz, eterno, infinito. Uno ama y se ama. Es amor, es todo, es. Y se transforma en libertad y es libertad, esperanza, compasión universal que conforman el universo infinito. Y, al mismo tiempo, es conciencia de aquello que la mente del yo identifica como una persona, un cuerpo, un nombre, un trabajo, una familia, unos amigos y un hogar que llama suyos. Y se mueve entre un hogar, por ejemplo, en Madrid, y el hogar que es el camino completo. Y ambos son lo mismo, ambos concentran la esencia de lo que son. Y la identidad como persona, o como fuerza arcangélica, o como Todo, se difumina cuando uno comprende la infinitud, la perfección del universo y la perfección del infinito. Y entonces se llora de felicidad y se percibe que el universo se emociona también con uno y que vibra con uno y que esa vibración llega a cada rincón del propio cuerpo y, por tanto, alcanza también cada rincón del camino.

Gratitud.

¿Formas de iluminación?

Podemos probar a dejar de buscar. No vamos a encontrar nada más, porque sencillamente no hay nada más. La revelación de la verdad es sentida por uno como una lija, puesto que el carpintero ha de lijar la madera hasta convertirla en una obra de arte.

A pesar de todo, a pesar del dolor constante, si cerramos los ojos y escuchamos con atención, escucharemos la dulce melodía de la nana celestial que vela nuestro sueño mientras nos acaricia el pelo.

En el mismo instante en que uno cree entrar en ese estado de meditación zen, la mente se excita y dice: «Repite eso otra vez, que quiero tomar notas para que no se me olvide», y ahí volvemos a salir del supuesto estado zen. Entramos en él sin la mente del yo, y es la mente del yo la que siempre nos saca de ese estado.

Hay belleza en todas las formas.

Únicamente podemos salvar nuestra propia humanidad, y al hacerlo estamos salvando toda la humanidad existente. Ningún Salvador va a venir a salvarnos. Al menos, no otra vez. La humanidad es un acto individual y social, pero la salvación de la humanidad de cada uno es un acto individual, que no puede ser delegado, aunque sí podemos encontrar apoyo. No estamos solos.

Non soli sumus.

La salvación de la propia humanidad es un acto, es algo activo, nunca es pasivo. Aunque muchas veces no implique movimiento alguno. Cada uno debe responsabilizarse de su propia salvación. Y ayudar al otro, si eso es posible.

Pedir ayuda.

Salvarnos a nosotros mismos es nuestro derecho y, seguramente, también nuestro deber. Y ayudar a los demás es, además, nuestra naturaleza.

Verdadera iluminación es la comprensión de nuestra propia oscuridad.

Verdadera iluminación es darse cuenta de la existencia del ego.

La mente del yo cree que hay ciertas personas que han sido creadas de esa manera para que aprendamos sobre aquello que nos están enseñando. La mente del yo las percibe como programas creados para entrenarnos en un tema y aprender sobre ello: desapego, abandono... La mente del yo seguramente se equivoca.

La mente del yo se da cuenta de que estamos aprendiendo que la materia puede ser transformada a voluntad, percibe que podemos cambiar el aspecto físico de alguien o de algo, pero que es mucho más difícil, o quizá imposible, cambiar nuestra esencia, nuestra capacidad de relacionarnos. Cree que parece ser mejor estar con alguien con quien uno conecta a nivel energético que con quien solo nos atrae físicamente.

En un sueño, escuché que nuestro propósito como materia es ayudar a la materia a comprenderse a sí misma y ayudarle a recordar su origen como energía pura. Quizá fuera eso, solo un sueño.

El beso de un niño, la sombra de un árbol, el aleteo de un pájaro, la luz del sol. Eso es iluminación.

O es mutuo o no es. Uno confía.

Ser corresponsable. Corresponsables.

Cristo es humanidad. Cristo es divinidad.

Para alcanzar la ascensión hay que pasar primero por el calvario y luego por la crucifixión del ego.

La comprensión de la mala relación del ego con la soledad, eso también es iluminación.

Incluso en los momentos en los que más desconectados estamos de la espiritualidad, esta sigue conectada a nosotros.

Ningún mensaje, por muy divino que sea, ningún ejemplo, por muy desinteresado que sea, ni ningún salvador, por muy bien intencionado que sea, va a conseguir el despertar de toda la humanidad. Nos necesitamos unos a otros también.

Respirar. Pedir ayuda. No estamos solos.

El despertar de la humanidad en uno parece ser un acto personal que no requiere de la participación de ningún otro ser humano, y mucho menos de ningún maestro, profeta ni guía espiritual. Pero juntos podemos lograrlo antes y más amablemente.

La iluminación parece ser un acto personal. El otro puede apuntar con luz hacia donde tenemos que mirar, pero al final somos nosotros los que tenemos que ver.

La verdadera luz es la conciencia.

Somos los únicos responsables de la forma como nos tratamos. Los demás son responsables de cómo tratan a los demás.

Necesitamos la tierra para ver la luz.

Transformar el dolor en conciencia, eso también es iluminación.

Percepción instantánea.

Sufrir es una actividad del ego.

Reírse de uno mismo parece ser un acto de iluminación.

La espiritualidad es un camino amoroso hacia el reencuentro con la esencia. El camino de la espiritualidad no te acerca a ningún lugar, más bien te aleja del lugar en el que estás. La espiritualidad no te da nada, te quita todo aquello que no eres tú.

Remontarse a las antiguas enseñanzas o prácticas en busca de iluminación o de respuestas parece ser lo contrario al camino de espiritualidad, que es un camino de descubrimiento y de creación espontánea, algo nunca experimentado antes.

Iluminación, espiritualidad, mística y sabiduría se expresan sin pronombres, artículos, adjetivos ni ningún otro elemento gramatical.

Una pequeña aclaración al hilo de lo antedicho. En aras de una escritura lo más correcta posible, y sabedor de que un artículo no le resta necesariamente riqueza a un concepto —ahí están *el* ser y *la* nada, *la* madre naturaleza o *el* amor—, usamos por lo general el artículo de marras también aquí, con *la* iluminación, aunque en mi fuero interno me cuesta dejar de pensar que no existe «la iluminación», sino «iluminación» y, sobre todo, no existen ni «mi iluminación» ni «mi espiritualidad». Así que, con permiso, erradicaré el artículo o el adjetivo posesivo allí donde no colisione con una lectura fluida y natural. Así se hizo bastante más arriba con «vacío», pero, vale, como se decía en el párrafo anterior, con espiritualidad, verdad, mística/místico... Seguimos.

Iluminación también es abrazar la vulnerabilidad propia y abrazar la omnipotencia de lo incomprensible.

La realización máxima a la que puede aspirar el yo es a la comprensión de que lo incomprensible nos ama, aunque no sepamos lo que significa.

No entendiendo.

Ojalá podamos despertar a la palabra de Jesús. Ojalá lo incomprensible nos tenga en su gloria. Ojalá descansemos en paz. Lo que quiera que eso signifique.

El deseo de iluminar al otro es un acto del ego. Por su parte, es muy probable que el no-ego ilumine de forma espontánea, natural, como el sol.

Somos la repetición de arquetipos que necesitan ser comprendidos en su profundidad para así ser sanados para siempre.

La iluminación, como la humildad, son ajenas al yo. Si te percibes o te reconoces como iluminado, sigues en el yo. Ninguna píldora, ninguna receta mágica, ningún acto de voluntad nos liberará para siempre del yo. La mente del yo ha sido contaminada por completo y, aparentemente, nada ni nadie puede lograr su recuperación. Solo queda ya dar testimonio de la desgracia que supone el yo para la humanidad. Tal desgracia, aparentemente, solo podría finalizar con la intervención de la Gracia Divina, con la iluminación. Ojalá sea pronto.

La mente del yo es el anticristo, el antibuda, la ausencia de iluminación.

Fin

Así termina este nuevo libro. Vemos cómo el camino va teniendo más sentido, pero, al mismo tiempo, vamos entendiendo cada vez menos. Esa es su naturaleza, es un camino de más interrogantes que respuestas, de confiar más que de conocer. Es un camino donde nuestros instintos primarios de supervivencia han perdido toda su eficacia. Ya no estamos en modo supervivencia, estamos en modo fusión con lo que es, y si eso implica la desaparición de lo que conocemos que somos, de aquello con lo que nos identificamos, nos dejamos obrar, sin resistencia, sin dudas, con emoción y dicha.

El camino se va desvelando a cada instante delante de nuestros ojos y cada vez más a menudo vamos perdiendo el sentido de lo que hasta ahora era la realidad, cada vez hay más desidentificación con el yo. Pero, en lugar de sentirse como algo angustioso, es experimentado como alivio, ligereza, calma.

El camino no es nunca lineal, cuando avanzamos quizá estemos retrocediendo, y al revés. Lo experimentamos como es, si lo juzgamos va a seguir presentándose ante nosotros, y si nos oponemos, va a seguir inmutable. El camino es el que es y va a seguir siendo con o sin nuestra aprobación, con o sin nuestra aceptación. No obstante, lo único que parece ir quedando claro a estas alturas es que el camino no puede ser sin nosotros, no puede ser el camino si no es con todos nosotros. Este es un camino de comunión. Nadie puede quedar excluido. Cada camino es experimentado por cada uno como su camino, pero es el camino de todos. No es la confluencia de los diferentes caminos, es exactamente el mismo camino, un único camino.

Respirar. Pedir ayuda. No estamos solos.
No entendiendo.
Gratitud.